GUIARAMA COMPACT

AF277679

Croacia

ANAYA
TOURING

Autor: **Carlos de Alba**
Actualización: **Galo Martín**

Responsable editorial: **David Lozano**
Edición y maquetación: **Susana Folgado**
Producción: **Juan José Rodríguez, Olga Hernando y Antonio Mellado**
Cartografía: **ANAYA Touring.**
Diseño tipográfico y de colección: **Marivies.**

Procedencia de las fotografías:
Dreamstime: Adam Zoltan 8 (a); Balonciciv 128 (b); Biserko 127; Daniel M. Cisilino 20 (c); Deymos 34; Dreamer4787 8 (b), 52, 104; F Baarssen 62; Happywindow 70 (a); Harrison 131; Ilijaaa 53 (c); Janoka82 27 (b); Jasmina 26; Joyfull 126; Kar Wai Chan 41; Kaycco 28; Leigh Norris 81 (a); Leszek Glasner cabecera Donde; Natalia Bratslavsky 102 (a); Peter Cernic 79 (a); Photopassjonata 20 (b); Photostouch 128 (a); Radub85 106 (a); Rndmst 53 (a); Rudi1976 80; Rustamank 107 (a-b); Sergey Strelkov 46; Spasoje Kisic 85; Tomislav Ladisic 105 (a); Vitaliybilyak 106 (b); Wirestock 67; Xbrchx cabecera mirada, 22, 75, 77; Zatletic 53 (b); Zatletic 54. **iStockphoto:** 12, 14, 16, 20 (a), 25, cabecera Visita, 35, 39 (a), 57, 60 (b), 74, 78 (a), 79 (b), 86, 91, 96, 115, 121; 4FR 95; anamejia18 82 (b); arina7, 124; Baloncici 39 (b); Cheryl Ramalho 9; crazycroat 10; Dawid Kalisinski Photography 105 (b); domin_domin 30; Dreamer4787 92; eurotravel 6-7; fokkebok 61 (a); Francesco Marzovillo 113; iascic 45; iascic 68 (b); iascic 97; Luc Rousseau 98; majaiva 130 (a); majaiva 71; Marek Stefunko 29; Marina113 84; maroz9c 62 (b); mbbirdy 31; Mindaugas Dulinskasv 47; NanoStockk Cabecera Informaciones; OGphoto 43; Oleh Dubyna 17; pbsm 32-33; RomanBabakin 82; rusm 63; rustamank 88; Socjosens-PG 112; stockinasia 102 (b); TPopova 90; traveler1116 93; ViliamM 125; Vladographer 44; WitR 89; Xantana 24; Xbrchx cabecera 10 indisp., 42, 58-59, 60 (a), cabecera Visita II, 72, 94, 108-109; Yasonya 64 (a). **Shutterstock:** Alexey Fedorenko 103 (b); Anastasia Kamysheva 78 (b); Andrew Mayovskyy 68 (a); ansharphoto 103 (a); Butler Images 114; csp 116; DeStefano 56; Dreamer4787 64 (b); Ilija Ascic 122; Ilija Ascic 50; iwciagr 76; Jelena990 40; K. Roy Zerloch 87; Kanuman 18-19; Makowicz 130 (b); MariaMaslova 27 (a); Mario Krpan 49; Nightman1965 82 (a); Stjepan Tafra 117; trabantos 11; 13; Tupungato 2; Wirestock Creators 134; Xbrchx 15, 23, 51, 55, 66, 70 (b); Zdravko T 48.

8ª edición, 2024

© Grupo Anaya, S. A., 2024
   Valentín Beato, 21. 28037 Madrid
   www.guiasdeviajeanaya.es

Depósito legal: M-02.246-2024
ISBN: 978-84-9158-741-5
Impreso en España-Printed in Spain

PAPEL DE FIBRA
CERTIFICADO

La información contenida en esta guía ha sido cuidadosamente comprobada antes de su publicación. No obstante, dada la naturaleza variable de los datos, recomendamos su verificación antes de salir.

Contenido

Presentación

Zagreb y el interior de Croacia

P.N. de los Lagos de Plitvice

Cómo usar esta guía

Esta **Guiarama** de **Croacia** se divide en cinco secciones que abarcan los aspectos más importantes de su visita.

Una mirada a Croacia, páginas 6-17

Presentación
Croacia en cifras
No hay que perderse…
Un poco de historia
Naturaleza
Personajes famosos

Diez lugares inolvidables, páginas 18-31

La elección del autor de los diez lugares más atractivos, todos con información práctica.

Visita al país, páginas 32-107

Se divide Croacia en tres zonas, cada una con una introducción y listado alfabético de los lugares más interesantes.
Zagreb y el interior de Croacia
Breves notas "¿Sabías que…?"
Lo que hay que saber
Istria y Kvarner
Gastronomía
Dalmacia

Dónde…, páginas 108-131

Información detallada sobre restaurantes, alojamiento, compras, niños y ocio.
Información práctica, con generalidades para viajar por el país, páginas 132-139
Toda la información necesaria para el viajero, presentada de forma resumida.

Mapas y planos

Todas las referencias se indican en los mapas y planos que se encuentran en la sección Visita al país. Por ejemplo, el Palacio del Rector de Dubrovnik va seguido de la referencia ⊕ 83 (B3) que indica la página en la que se encuentra el plano (83) y las coordenadas (B3) donde se halla ubicado el edificio. La lista de mapas utilizados en esta guía se encuentra en el índice.

Precios

El precio aproximado de los establecimientos se indicará mediante los signos:

C caro, **M** moderado y **E** económico.

Clasificación por estrellas

La mayoría de los lugares descritos en el libro se han clasificado por su grado de interés como sigue:

★★★   Visita obligada
★★   Muy interesante
★   Interesante

Símbolos utilizados

A lo largo de la guía se han utilizado símbolos sencillos y claros para indicar las siguientes categorías:

- 🅞 referencia a los planos
- ✉ dirección o localización
- ☎ número de teléfono
- 🕐 horario
- 🍴 restaurante o café
- Ⓜ estación de metro más cercana
- 🚌 rutas de autobús o tranvía
- 🚆 estación de tren más cercana
- ⚓ ferry más cercano
- ✈ aeropuerto
- ℹ información turística
- ♿ servicios para personas con movilidad reducida.
- 🎫 precio de la entrada
- ⊕ otros lugares de interés cercanos
- 🛈 más información práctica
- 🌐 web

Una **mirada** a **Croacia**

Presentación

▍ La bandera croata

La bandera de Croacia está vigente desde el 21 de diciembre de 1990, casi un año antes de la independencia del país. Consiste en tres franjas horizontales con los colores paneslavos: rojo, blanco y azul, y en el centro el escudo de armas de Croacia. Un escudo ajedrezado con cuadros blancos y rojos que en su parte superior está coronado por cinco escudos en pequeño que representan las armas tradicionales de Croacia, Dubrovnik, Dalmacia, Istria y Eslavonia.

▲ Bandera de Croacia.

▶ Aguas cristalinas de la costa Adriática.

Desde que finalizó la Guerra de los Balcanes en 1995, Croacia ha andado un largo camino hasta conseguir colocarse entre los destinos preferidos por el turismo en Europa. Aunque en las décadas de los 70 y 80 ya gozaba de muchos adeptos que acudían verano tras verano a sus famosas costas, en la primera década del siglo XXI el país se abrió definitivamente al turismo. Y así hasta la actualidad.

Conocido principalmente por sus más de mil islas, su hermoso litoral, y la belleza de las aguas cristalinas que lo bañan, el país cuenta con otros muchos secretos aún por descubrir. La región interior es la gran desconocida, los turistas apenas han prestado atención a una zona del país que deleita por sus hermosos paisajes, como las bellas estampas bucólicas de Zagorje, los humedales de Lonjsko Polje, o los fértiles campos de Eslavonia; además de ciudades como Varaždin, que posee la mejor arquitectura barroca del país, o Zagreb, la animada capital croata, que cuenta con una historia muy interesante. La Península de Istria, es la región más italianizada del país, su influjo se puede ver tanto en los paisajes de su interior, donde se localizan los pueblos amurallados de las colinas, como en las señalizaciones de muchas de las ciudades, escritas en croata e italiano. La bahía de Kvarner acoge las dos islas más grandes del Adriático: Cres y Krk, así como el mayor balneario de la época de los Habsburgo: Opatija. Por último está Dalmacia, la región más promocionada en los folletos turísticos, y que aparte de contar con bellas islas como Hvar, Korčula y Brač, alberga además de Split, el mayor tesoro de Croacia que no es otro que Dubrovnik, la llamada 'perla del Adriático' es sin lugar a dudas una de las ciudades más singulares de Europa.

Croacia en cifras

Desde las orientales llanuras de Eslavonia hasta la elegante costa del Adriático, Croacia es una fascinante mezcla de culturas: balcánica, centroeuropea y mediterránea. Para conocer mejor el destino, ahí van unas pocas cifras sobre el país.

❚ Datos básicos:

Capital: Zagreb.
Superficie: 56.594 km^2.
Sistema Constitucional: República Parlamentaria Multipartidista.
Moneda: El Euro desde 2023 (antes era la kuna).
Lengua oficial: croata.

❚ Habitantes:

Población: Casi cuatro millones de habitantes. Una cifra que en los últimos años ha ido descendiendo como consecuencia de la emigración de los croatas a otros países de la Unión Europea, principalmente, o países vecinos como Serbia o Bosnia Herzegovina.
Ciudades principales: El grueso de la población croata se concentra en las principales ciudades del país: Zagreb, Split y Rijeka, así como en ciudades satélites y costeras, ubicadas en Istria, Kvarner y Dalmacia.
Grupos Étnicos: croatas 89,6%, serbios 4,5% y otros 5,9% (bosnios, húngaros, eslovenos, checos y gitanos).
Religión: católicos 87,8%, ortodoxos 4,4%, otros cristianos 0,4%, musulmanes 1,3%, religiones sin especificar 0,9% y ateos 5,2%.
Esperanza de vida: hombres 75 años, mujeres 81 años.

❚ Geografía:

Kilómetros de Costa: 6.278 en total.
Islas, islotes y peñascos: 1.244, de los cuales 50 cuentan con población permanente.
Máxima Elevación: Monte Dinara (1.831 m).
Río más largo: río Sava (562 km). También el Drava y Danubio, que forma la frontera con Hungría y Serbia.
Fronteras: con Bosnia Hercegovina (932 km), con Eslovenia (455 km), con Hungría (329 km), con Serbia (241 km) y con Montenegro (25 km).

❚ Transportes:

Carreteras: cerca de 30.000 km (877 km vías rápidas).
Red ferroviaria: en torno a 2.900 km.
Aeropuertos principales: Croacia cuenta con siete aeropuertos internacionales (Zagreb, Split, Pula, Rijeka, Dubrovnik, Osijek y Zadar).

▼ Turistas en la calle principal de Dubrovnik.

La **esencia** de **Croacia**

Con sus cerca de dos mil kilómetros de escarpadas costas y con más de mil islas, Croacia cuenta con uno de los litorales más espectaculares y mejor conservados de toda Europa. El turismo masivo no ha sido impedimento para que aún se pueda disfrutar tomando el sol en playas solitarias, pasear por singulares pueblos pesqueros, o navegar alrededor de islas vírgenes y deshabitadas. Además, hablar de Croacia es hablar de cultura, una cultura forjada a lo largo de los siglos por las influencias griegas, romanas, venecianas, austrohúngaras y eslavas. La riqueza paisajística, las montañas, lagos y humedales del interior del país dan fe de la naturaleza prístina con la que cuenta uno de los destinos más atractivos de Europa.

No hay que perderse…

Si dispone de poco tiempo estas son algunas de las cosas que no debe dejar de hacer o visitar en Croacia:

❚ **Perderse entre la naturaleza salvaje de alguno de los Parques Nacionales,** como el de los Lagos de Plitvice o el del río Krka.

❚ **Disfrutar de la variada gastronomía croata,** como las exquisitas trufas de Istria, los excelentes pescados y mariscos de toda la costa, y las sabrosas recetas del interior del país.

❚ **Subir a lo alto de las murallas de Dubrovnik y pasear alrededor de la Ciudad Vieja,** disfrutando desde una vista panorámica privilegiada de sus carismáticos tejados, sus fuentes, sus iglesias y palacios de mármol blanco.

❚ **Asistir a alguno de los festivales de verano,** a ser posible al de Dubrovnik y/o el de Split, y disfrutar del arte que destilan los artistas que allí se dan cita.

❚ **Practicar el buceo** en las cristalinas aguas del Adriático y ser testigo del rico fondo marítimo de islas como Kornati y Mljet.

❚ **Probar algún vino tinto** de la Península de Pelješac como el Dingač y el Postup, y algún blanco de la región de Eslavonia como el Graševina.

❚ **Alquilar un velero y navegar de isla en isla** disfrutando del bello entorno natural de la costa dálmata.

❚ **Tomar el sol como dios le trajo al mundo** en una de las muchas playas nudistas de Croacia.

❚ **Tomar un refresco o un café** en una de las terrazas de la plaza Trg bana Josipa Jelačića de Zagreb.

❚ **Emular a los viejos gladiadores romanos** en la arena del anfiteatro de Pula.

◀ Playa en Dalmacia.

▼ Casco antiguo de Split dominado por la torre de la catedral.

Un poco de historia

▶ Detalle de la Catedral de San Lorenzo, en Trogir.

▼ Estatua de Ban Josip Jelačić.

Siglo VI a.C. Los griegos establecen sus primeras colonias en las islas de Hvar (Paros), Korčula y Vis (Issa), y en los enclaves costeros de Trogir y Cavtat. Por entonces las tribus Ilirias ya estaban asentadas en la zona.

Siglo II a.C. En el 168 a.C. los romanos toman las posesiones griegas de Croacia. Se crean las provincias de Dalmacia y Panonia.

395 El emperador Teodosio divide el Imperio Romano en Oriente y Occidente creando la separación entre católicos y ortodoxos.

Siglo VII Grupos de eslavos procedentes de Ucrania y Polonia se establecen en los Balcanes. Uno de estos grupos, los croatas, se asientan en Dalmacia y Eslavonia.

925 Coronación de Tomislav, primer monarca de Croacia.

1089 Muere Dmitar Zvonimir, último rey nativo de Croacia.

1094 Fundación de Zagreb.

1102 Croacia se anexiona a Hungría, pero mantiene sus gobernantes y parlamento.

Siglo XIV La República de Venecia mantiene el control de la costa adriática, pero Dubrovnik mantiene su independencia.

1527 Croacia pasa a formar parte de la dinastía de los Habsburgo. El avance del Imperio Otomano hacia el norte provoca enfrentamientos entre turcos y austrohúngaros. Se insta a los serbios a formar un ejército que defienda ese territorio.

1667 Un terremoto destruye parte de Dubrovnik.

1809 Napoleón conquista Dalmacia bajo el nombre de Provincias Ilirias.

1815 Tras el Congreso de Viena, Croacia es unificada bajo el gobierno Austro-Húngaro.

1918 Tras la I Guerra Mundial, el Imperio Austro-Húngaro se desintegra, y Croacia forma parte del Reino de los Serbios, Croatas y Eslovenos. Istria pasa a formar parte de Italia hasta el final de la II Guerra Mundial.

1941-1945 Tropas alemanas e italianas invaden Croacia y crean el Ustaše o Ustasha, organización nacionalista croata cuyo objetivo es la creación un Estado soberano formado exclusivamente por ciudadanos de etnia croata, cometiendo todo tipo de asesinatos contra los serbios. El Mariscal Tito organiza la resistencia antinazi.

1945-1980 Bajo la dictadura comunista de Tito, Croacia se convierte en una de las seis repúblicas federales que conforman Yugoslavia.

1990 El nacionalista Franjo Tuđman, líder de la HDZ (Unión Democrática Croata) gana en las primeras elecciones democráticas tras la caída del comunismo y convoca un referendo por la independencia de Croacia.

1991 Croacia declara su independencia de Yugoslavia. Los serbo-croatas, apoyados por el ejército yugoslavo, forman la República de la Krajina, en la frontera con Bosnia. Estalla la guerra entre serbios y croatas y comienzan las "limpiezas étnicas".

1992 La Unión Europea y la ONU reconocen a Croacia como estado independiente.

1995-1998 Los rebeldes de la Krajina son expulsados tras la Operación Storm, produciéndose un éxodo de más de 200.000 serbios a Bosnia y Serbia. Con los Acuerdos de Erdut finaliza la guerra, aunque algunos lugares de Eslavonia como Vukovar continuaron ocupados por la ONU hasta 1998.

1999 Muere el presidente Franjo Tuđman.

2000 El liberal Stipe Mesič se convierte en el segundo presidente del Estado croata.

2013 El 1 de julio, bajo la presidencia de Zoran Milanović, Croacia entra a formar parte de la UE, sin que el euro entre en circulación.

2015 El primer ministro Milanović permite a los refugiados de Oriente Medio atravesar el país camino a Alemania.
La oposición conservadora vence a la coalición de centro-izquierda en las elecciones parlamentarias y en 2016 es nombrado primer ministro Andrej Plenković.

2018 Split acoge el Ultra Europe, conocido festival europeo de música electrónica.

2020 Siete personas fallecen por un terremoto de 6,4 con epicentro en Petrinja.
El socialdemócrata Zoran Milanović gana las elecciones presidenciales.

2022 Avanzan los derechos LGTBI gracias al activismo e ingreso en la UE.

2023 Entra en circulación el Euro y Croacia se incluye en la zona Schengen.
Finalizan los juicios por las guerras de los Balcanes, condenando a dos jefes del espionaje serbio.

Naturaleza

A pesar de no ser un país de grandes dimensiones, Croacia tiene una naturaleza rica y diversa. En un espacio relativamente reducido se pueden encontrar paisajes muy dispares que habría que buscar en regiones alejadas de Europa e incluso del mundo. Se trata de un país mediterráneo, pero a la vez centroeuropeo; eminentemente costero, pero al mismo tiempo cuenta con pronunciadas montañas y prósperos valles.

Es esta variedad la que la sitúa entre los cinco países con mayor biodiversidad de Europa. Las tres zonas naturales son: las llanuras interiores, donde la confluencia de algunos ríos forman humedales cargados de vida como los de Lonjsko Polje; la zona montañosa, que cuenta con cordilleras que no suelen superar los 1.500 m de altura, pero que resultan atractivas por la forma que ha tomado su piedra caliza debido a los fenómenos cársticos; y por último, la costa y sus islas.

El patrimonio natural croata es inmenso, en total cuenta con 447 zonas protegidas, que cubren una superficie total de 5.178 km^2, lo que viene a representar un 10% de la superficie total del territorio de Croacia. Cuenta con 8 Parques Nacionales, 11 Parques Naturales y dos Reservas Estrictas. Además alberga otras 426 zonas protegidas de menor tamaño, así como algunos fenómenos naturales, aquí se incluyen: 78 reservas (botánicas, forestales, geomorfológicas, hidrológicas, ictiológicas, marinas y zoológicas), 104 monumentos naturales, 71 paisajes de gran valor y 135 monumentos de arquitectura paisajística, como arboretos, jardines botánicos, árboles poco comunes, etc.

❘ Parques Nacionales

Croacia comenzó a proteger su patrimonio natural en el año 1949, cuando los Lagos de Plitvice y los cañones cársticos de Paklenica fueron considerados Parques Nacionales. Años más tarde se crea el Parque Nacional de Risnjak, al noreste de Rijeka, al que le siguió el Parque Nacional de Mljet, al norte de la isla homónima. Estas eran las primeras medidas para preservar unos paisajes naturales únicos y demostrar de esta manera el serio compromiso del país por la conservación del entorno. Actualmente Croacia cuenta con ocho Parques Nacionales, los cuales pueden ser visitados pagando entrada. Son los siguientes:

P.N. de los lagos de Plitvice (1949) (▶24).

P.N. de Paklenica (1949), cañones cársticos en la cordillera de Velebit, cerca de Zadar. Este parque es muy apreciado por los escaladores de toda Europa (▶26).

P.N. de Risnjak (1953) (▶76).
P.N. de Mljet (1960) (▶26).
P.N. del archipiélago de Kornati (1964) (▶94).
P.N. de las islas Brijuni (1983) (▶63).
P.N. del río Krka (1985) (▶94).
P.N. de Velebit Septentrional (1999).

◀ Cascada en el Parque Nacional del río Krka.

▌Parques Naturales
Kopački Rit (1967) (▶49).
Biokovo (1981), cordillera paralela a la costa dálmata con su pico más alto, el Mt. Sveti Jure, con 1.762 m.
Medvednica (1981) (▶44).
Velebit (1981), cordillera sobre el Golfo de Kvarner.
Telašćica (1988), estrecha ensenada de gran belleza en Dugi Otok, al norte de las islas Kornati.
Lonjsko Polje (1990) (▶50).
Papuk (1999), donde se localiza la montaña más elevada de Eslavonia: el Mt. Papuk (954 m).
Učka (1999), cordillera que separa Istria de Rijeka, su pico más alto es el Mt. Vojak (1.401 m).
Vransko Jezero (1999), el mayor lago croata, cerca de Zadar.
Žumberak-Samoborsko gorje (1999) (▶54).
Lastovo (2006), una de las islas más remotas del Adriático, 30 km al sur de Korčula.

▌Reservas Estrictas de Croacia
Bijele i Samarske stijene, dos picos de más de 1.300 m en la cordillera de Bjelolasica.
Rozanski i Hajducki kukovi, picos de más de 1.600 m en las montañas de Velebit.

▼ Vistas de las islas Kornati.

Personajes famosos

▲ Retrato de Marco Polo.

▌Marco Polo (1254-1324)

Los habitantes de Korčula aseguran que el popular viajero y mercader veneciano nació en su isla. Aunque no se sabe a ciencia cierta dónde llegó al mundo el autor de *Los Viajes de Marco Polo,* hay evidencias de que pasó algún tiempo en la isla. Actualmente se puede visitar en Korčula la vivienda en la que se supone nació el famoso explorador de Oriente.

▌Ban Josip Jelačić (1801-1859)

Fue el gobernador *(ban)* de Croacia entre 1848 y 1859. Luchó por los derechos de su país frente a las imposiciones del Imperio Austro-Húngaro. Su ferviente nacionalismo es recordado en la plaza más importante de Zagreb, que aparte de llevar su nombre tiene una estatua ecuestre suya.

▌Nikola Tesla (1856-1943)

Nacido en Smiljan, un pequeño pueblecito en la región montañosa de Lika, fue un físico, matemático e ingeniero eléctrico que destacó por sus inventos relacionados con la corriente alterna. Está considerado el creador de la industria eléctrica.

▌Slavoljub E. Penkala (1871-1922)

Aunque nació en Liptovský Mikuláš (actual Eslovaquia), este ingeniero e inventor pasó la mayor parte de su vida en Zagreb, llegándose a nacionalizar croata. Su mayor aportación a la humanidad fue la invención del bolígrafo en 1906 y de la pluma estilográfica en 1907. De su apellido Penkala deriva la palabra inglesa *pen,* que significa bolígrafo o pluma en castellano.

▌Ivan Meštrović (1883-1962)

Nació en Vrpolje, en la región de Eslavonia, aunque pasó la mayor parte de su infancia en Otavice. Está considerado como uno de los escultores religiosos más importantes desde el Renacimiento. Existen varias galerías en Croacia donde se expone su obra.

▌Josip Broz "Tito" (1892-1980)

Nacido en Kumrovec, lideró la resistencia partisana de Yugoslavia durante la Segunda Guerra Mundial. Tras la guerra se convirtió en el Primer Ministro y posteriormente presidente de la Republica Federal Socialista de Yugoslavia, que gobernó con mano firme desde 1945 hasta su muerte en 1980. Una década después de su muerte estallaría la Guerra de los Balcanes que trajo consigo el desmembramiento de Yugoslavia.

Dražen Petrović (1964-1993)

Natural de Šibenik, Petrović es la mayor gloria baloncestística que ha dado Croacia y, sin duda, uno de los mejores escoltas de la historia de este deporte. Comenzó jugando al baloncesto junto a su hermano mayor Aleksandar en la Šibenka, el equipo de su ciudad, desde donde pasaría a la Cibona de Zagreb, equipo con el que se dio a conocer en Europa y que le sirvió de trampolín para fichar por el Real Madrid. Después llegó la NBA, en la que jugó para los Portland Trail Blazers y los New Jersey Nets. Su trágica muerte en accidente de tráfico con apenas 29 años, un día después de disputar un partido con su selección, acrecentó la leyenda del "Mozart del Baloncesto". Cuenta con un museo en Zagreb (▶47).

Goran Ivanišević (1971)

El extenista de Split está considerado por muchos como uno de los mejores deportistas de la historia de Croacia. Fue abanderado del equipo olímpico de su país en Barcelona 92, y alcanzó su cima en el deporte de la raqueta ganando el torneo de Wimbledon en 2001, cuando nadie apostaba por él.

Davor Šuker (1968)

El futbolista de Osijek es posiblemente uno de los mejores jugadores de fútbol de la historia de Croacia. Es el máximo artillero de todos los tiempos de la selección nacional, con 45 tantos, seis de los cuales le sirvieron para proclamarse máximo goleador del Mundial de Francia 98, donde Croacia quedó en tercer lugar. Su mayor éxito en clubes fue la consecución de la *Champions League* con el Real Madrid en 1998.

Luka Modrić (Zadar, 1985)

Desde 2012 juega en el Real Madrid, club de fútbol al que llegó procedente del Tottenham Hotspur de Londres. Su carrera, todavía en activo en 2024, es tan larga como su palmarés. Entre tus mayores logros están los buenos resultados conseguidos con su selección nacional, el Balón de Oro que ganó en 2018 y las cinco Ligas de Campeones que ha ganado con el Real Madrid. Equipo con el que ha jugado más de 500 partidos, siendo uno de los que más veces lo ha hecho a lo largo de la historia de este equipo, después de Roberto Carlos, Marcelo y Benzema.

▼ Luka Modrik.

Lugares
inolvidables

10

Las murallas de Dubrovnik

1

Consideradas como unas de las más grandiosas construcciones fortificadas del mundo, un paseo a lo largo de sus 2 km es fundamental para observar la belleza de los tejados de la ciudad antigua con el Mar Adriático de fondo como testigo.

Aunque se sabe que ya en el siglo VIII existía una primitiva ciudad fortificada, las murallas que hoy circundan todo el casco histórico de Dubrovnik fueron construidas principalmente entre los siglos XIV y XV, en pleno apogeo de la República de Ragusa, sufriendo constantes renovaciones para ampliarlas y reforzarlas durante los dos siglos posteriores.

En la actualidad las murallas tienen una longitud de 1.940 m, una altura que cambia según el terreno y que alcanza los 25 m, y un grosor que varía entre los 4 y 6 m en la parte que da a tierra, y entre 1,5 y 3 m en la que da al mar. Asimismo, cuenta con quince torres cuadrangulares y tres circulares, dos

▼ Diferentes vistas de las murallas de Dubrovnik.

fuertes exteriores (Tvrðava Lovrijenac y Tvrðava Revelin) y cinco bastiones. La resistencia de estos muros quedó demostrada en el gran terremoto de 1667 y por sobrevivir a los bombardeos serbios durante la Guerra de los Balcanes en los años 90.

Se puede acceder a lo alto de las murallas por tres sitios diferentes: el Fuerte de San Juan, la Puerta de Ploče y la Puerta de Pile, por la que la mayor parte de los turistas comienzan su visita. Una vez arriba, en la esquina noroccidental de las murallas se localiza la Torre de Minčeta, el punto más alto y desde el que se tienen las mejores vistas de la ciudad. Esta torre fue diseñada por el gran arquitecto florentino Michelozzo Michelozzi, y rematada por Juraj Dalmatinac en 1464.

En la esquina suroccidental, pegada al mar, se encuentra la Torre de Bokar (s. xv), que junto a la de Minčeta eran utilizadas para la defensa de todo el flanco oeste, y en la que se puede hacer una parada para observar el Adriático.

Info

- ✉ Acceso principal desde Stradun, por la Puerta Pile.
- 🕐 Variable según el momento del año, entre 8 h-19:30 h.
- 💳 Alrededor de 15 €. Con la entrada se puede visitar la fortaleza de Lovrijenac.

Información Turística Dubrovnik
- ✉ Brsalje, 5.
- ☎ 02 032 3887.
- 🌐 https://tzdubrovnik.hr

La Ciudad Alta de Zagreb

2

Construidas en el siglo XI sobre dos colinas, la ciudad sacra de Kaptol y la secular de Gradec, fueron vecinas y rivales cientos de años hasta que en el siglo XVIII se unificaron para crear una única ciudad: Zagreb.

Hoy en día Gradec y Kaptol conforman la llamada Ciudad Alta (Gornji Grad), el distrito más antiguo de la ciudad de Zagreb y el que concentra mayor número de edificios históricos. Para llegar a ella lo mejor es subir por Tomićeva, una de las calles perpendiculares a Ilica, donde está el funicular que sube hasta Gornji Grad. Fue construido en 1893, y tan solo asciende 66 m, un recorrido que hace en menos de un minuto. Una vez arriba lo primero que se ve es la Torre de Lotrščak (▶43), que se deja atrás para continuar hacia la Plaza de San Marcos (Markov trg), donde se encuentran tres edificios muy importantes en la ciudad: el Parlamento (Sabor), un edificio de 1910 y en el que se proclamó la independencia de Croacia en 1918; el Palacio del Ban, la casa del presidente de la república; y la Iglesia de San Marcos, que llama la atención por su colorido tejado, en el que están representados los escudos de armas de Croacia, Dalmacia, Eslavonia y Zagreb. La mayor parte de estos edificios fueron parcialmente destruidos en el terremoto de 1880 y su reconstrucción data de finales del siglo XIX y principios del XX.

Saliendo de Gradec en dirección Kaptol se pasa por la Puerta de Piedra (Kamenita Vrata), una de las entradas originales de la ciudad, que cuenta con una pequeña capilla que se instaló donde se encontró una imagen intacta de la virgen con el niño Jesús en brazos que se había salvado de la quema tras el incendio de 1731. Continuando hacia el este llega a Kaptol, la parte sacra de Gornji Grad, donde se encuentra la Catedral de San Esteban (▶42) y el Mercado Dolac (▶39).

Info

🕐 38, II (B2)

Información Turística
✉ Kaptol ,5.
☎ 01 481 4051.
🌐 www.infozagreb.hr

Centro de Información Turística
✉ Trg bana J. Jelačića, 11.
☎ 01 481 4052.
🚋 Tranvías: 1, 6, 11, 12, 13, 14 y 17 hasta Trg Bana Jelačíca y caminar desde allí hasta el funicular de Tomićeva (consultar la web de Información Turística).

▼ Vista de la Ciudad Alta de Zagreb.

Varaždin

Varaždin es la ciudad de Croacia que mejor ha conservado el aire barroco heredado de los siglos de reinado Habsburgo. La variada oferta cultural e histórica de la ciudad y la belleza de los paisajes que la rodean la convierten en el destino preferido de los turistas que visitan el norte de Croacia.

3

A l margen derecho del río Drava, 79 km al nores-te de Zagreb, se extiende la apacible ciudad de Varaždin. Fundada hacia el siglo XII, pronto se con-vertiría en un codiciado punto estratégico utilizado por los gobernantes húngaros y por los Habsburgo para frenar el avance de los turcos. Esto provocó que la ciudad fuera adquiriendo importancia a finales del siglo XVII y principios del XVIII, y que muchas familias de nobles construyeran aquí sus viviendas, lo que trajo como consecuencia que Varaždin se convirtie-ra en la capital de Croacia entre 1756 y 1776, año en que se produjo un fatídico incendio que destruyó buena parte de la ciudad. La mayoría de los palacios barrocos sobrevivieron, aunque otros muchos fueron restaurados a finales de aquel siglo, conservando sus originales tonos, rosa, crema, ocre y azul pálido en sus fachadas. Actualmente la mayor parte de estos edificios barrocos son utilizados como viviendas, ban-cos y oficinas, aunque algunos pueden ser visitados.

Uno de los mayores placeres de la ciudad es pa-sear por el centro histórico mientras se observa sus iglesias y sus relajantes plazas, hasta que se llega a Trg Kralja Tomislava, la plaza principal de Varaždin, donde destaca principalmente el ayuntamiento del siglo XVI con la Torre del Reloj que domina el cielo de la ciudad. Sin embargo, la visita obligada es la del Castillo (Stari Grad), una fortaleza del siglo XVI que jugó un papel destacado en la lucha contra los tur-cos, y que actualmente acoge el Museo de la Ciudad.

▲ Castillo de Varaždin.

Info

Información Turística
- ✉ Ivana Padovca, 3.
- ☎ 04 221 0987.
- 🚌 Bus y tren desde Zagreb.
- 🌐 https://visitvarazdin.hr

Castillo (Stari Grad) y museo (Gradski Muzej)
- ✉ Strossmayerovo šetalište, 66.
- ☎ 04 265 8754.
- 🕐 Abr- sept.: M-D, 10 h-18 h.
  Oct- marz. M-V, 10 h-17 h.
  Fines de semana: 10 h-13 h.
- 💶 5 €.
- 🌐 www.gmv.hr

P.N. de los Lagos de Plitvice

4

El Parque Nacional de los Lagos de Plitvice es uno de los tesoros naturales de mayor belleza en Europa, los 16 lagos escalonados de aguas esmeraldas que conforman su paisaje y su riqueza de fauna y flora lo convierten en una visita imprescindible.

Con sus 294,82 km², el Parque Nacional de los Lagos de Plitvice es el más grande de los ocho parques nacionales que tiene Croacia, además de ser el más antiguo, ya que fue proclamado Parque Nacional en 1949. Es el único incluido en la lista del Patrimonio Natural por la UNESCO, hecho que sucedió en 1979. Todos estos datos solo sirven para subrayar el potencial que atesora este espacio natural, conocido por sus lagos y las espectaculares cascadas que los alimentan.

La característica que hace peculiar a Plitvice es que representa un claro ejemplo del fenómeno de la hidrografía calcárea, ya que el proceso de formación de la toba, una roca caliza porosa, predomina

▼ Parque Nacional de los Lagos de Plitvice.

especialmente en las cascadas de estos lagos. Otro aspecto destacable de este parque son los bosques vírgenes de hayas y abetos que rodean los lagos, que están entre los más hermosos de Europa y que sirven de cobijo a especies tan dispares como osos pardos, lobos, linces, gatos salvajes, corzos, jabalís, entre otros. El parque cuenta además con más de 1.200 especies de plantas, de las cuales 75 son endémicas, de 321 especies de mariposas, 161 especies de aves y 21 especies de murciélagos.

Los visitantes se pueden desplazar usando los senderos marcados que recorren las orillas de los lagos y utilizando los puentes de madera que los atraviesan, además es posible realizar una excursión en barco por el lago más grande (Jezero Kozjak). No existe ninguna población dentro del parque, solo algunos hoteles y un par de campings, a los cuales se puede llegar utilizando un servicio interno de autobuses ecológicos que también lleva al comienzo de las rutas marcadas.

Info

Parque Nacional de los Lagos de Plitvice-Jezera

- ✉ Centro de Investigación Científica "Ivo Pevalek".
- ☎ 05 375 1026.
- ⏱ 8 h-19 h.
- 💶 Varios precios. Consultar web.
- 🚌 Buses de Zagreb, Split y Zadar.
- 🌐 www.np-plitvicka-jezera.hr
- ℹ Accesos: dos entradas por la carretera D1.

Mljet

Esta indómita isla del sur de Dalmacia, es el lugar ideal para escapar de todo y rodearse de un entorno paradisiaco sin grandes poblaciones, en medio de un Parque Nacional que ocupa la parte más septentrional de la isla.

5

Mencionada ya en la *Odisea* de Homero como el lugar donde la ninfa Calipso sedujo y retuvo durante siete años a Ulises, Mljet continúa teniendo ese carácter casi mitológico y virginal que la convierte en una de las islas más atractivas de la costa croata. Se caracteriza por su forma alargada, con una longitud de 37 km y una anchura media de 3 km, y cuenta con una gran diversidad y unos tremendos contrastes paisajísticos, que van desde las hermosas playas, a los pinares y los lagos interiores. El P. N. de Mljet ocupa un área de 5.375 ha de tierra protegida, incluyendo el mar que la rodea. Su proclamación como Parque Nacional se produjo en 1960, siendo la primera medida eficaz para tratar de preservar el ecosistema del Adriático.

Lo más destacable de la isla se encuentra en su parte noroeste, donde se localizan dos singulares lagos interiores de agua salada, el Malo Jezero (Lago Pequeño) y el Veliko Jezero (Lago Grande), que se conectan con el mar por un estrecho canal. Aquí se puede pasear a orillas del lago, alquilar una bicicleta y rodearlo, practicar el kayak, o simplemente nadar en sus aguas cristalinas. También es posible hacer una excursión en barca a la pequeña isla de Santa María (Sv Marija) en el interior del Veliko Jezero, donde se encuentra un monasterio benedictino del siglo XII que actualmente funciona como restaurante. Los pueblos costeros de Pomena, Polače y Sobra son los lugares que atraen a un mayor número de visitantes. En la parte sur de la isla destaca Saplunara, que cuenta con una de las playas de arena más bellas de toda Croacia.

Info

Parque Nacional de Mljet
- ✉ Pristanište 2, Goveđari (junto al lago).
- ☎ 02 074 4041.
- 💶 Varios precios, en función de la temporada, la edad, etc. Entre los 4 y 25 €.
- ⛴ Ferris desde Trstenik a Pomena, de Prapratno y Dubrovnik a Sobra.
- 🌐 www.np-mljet.hr

▼ Isla de Mljet.

Hvar

Es la reina entre las islas del Adriático, su excelente temperatura, con más de 2.700 horas de sol al año, y la historia que esconde, la han convertido en uno de los lugares preferidos por los turistas de todo el mundo.

La historia de Hvar se remonta al siglo IV a.C. cuando los griegos procedentes de Siracusa, que ya habían fundado Issa (en la actual isla de Vis), crean dos nuevas colonias: Dimos (actual ciudad de Hvar) y Pharos (ahora Stari Grad). Posteriormente, fue ocupada por romanos, bizantinos, reyes croatas, venecianos y desde el siglo XIX por los austro-húngaros, que fueron los primeros impulsores del turismo en la isla, promocionándola como uno de los mejores balnearios de Europa.

Su capital, Hvar, justifica la visita a la isla ya que cuenta con un gran patrimonio, entre el que destaca su Plaza Principal que concentra la mayor parte de los edificios históricos, como son: la Catedral de San Esteban (Katedrala Sveti Stjepana) de estilo renacentista y que cuenta con una torre campanario del siglo XVII; y el Arsenal, en el lateral sur de la plaza, que data de finales del siglo XVI y dispone de un teatro desde 1612. En el puerto se puede tomar un barco-taxi hasta las islas de Pakleni para disfrutar de sus playas y pinares.

Stari Grad, antigua capital de la isla, es una visita muy interesante por su rico patrimonio, como el Tvrdalj, un edifico fortificado perteneciente al poeta Petar Hektorović que data de la primera mitad del siglo XVI, y que cuenta con curiosos estanques donde se crían peces. En 2008 el sistema de parcelamiento y regadío de las llanuras de Stari Grad fue nombrado patrimonio de la humanidad por la UNESCO, que destacó el hecho de que se conservase prácticamente igual que el implantado por los griegos en el s. IV a.C.

6

Info

Información Turística
- ✉ Trg Sv. Stjepana, 16.
- ☎ 02 174 1059.
- 🏠 https://visithvar.hr

Stari Grad
- ✉ Obala Franje Tuđmana bb.
- ☎ 02 176 5763.
- 🏠 www.stari-grad-faros.hr/

▼ Puerto de Hvar.

Anfiteatro romano de Pula

7

El mejor legado que dejaron los romanos en Istria fue sin duda alguna este impresionante anfiteatro que durante más de dos mil años ha proporcionado y sigue proporcionando diversión a los habitantes de Pula.

Info

- ⏱ 73 (B2)
- ✉ Ulica Flavijevska.
- ☎ 05 221 9028.
- ⏰ Mar-oct.: 8 h-20 h.
  Nov-feb.: 9 h-16 h.
- 💶 10 €.
- 🚌 Buses desde Rovinj, Rijeka y Pazin.

La ciudad de Pula puede presumir de tener una de las joyas mejor conservadas de la arquitectura romana: el Anfiteatro romano de Pula, el sexto más grande del mundo. Conocido popularmente como el Arena de Pula. Originalmente el emperador romano Claudio construyó en este lugar un pequeño anfiteatro, que sería ampliado en el siglo I por el emperador Vespasiano, por lo tanto su construcción se efectuó al mismo tiempo que la del Coliseo de Roma.

Se trata de un anfiteatro de planta elíptica, cuyo eje mayor mide unos 130 m, y el menor cerca de 100 m, se estima que podía acoger unos 23.000 espectadores sentados en sus graderíos de piedra, y que contaba con unos 20 accesos. En la época romana albergaba los populares combates de gladiadores, las luchas de fieras e incluso algunas representaciones de batallas navales. Posteriormente en la Edad Media se utilizó para celebrar los tradicionales torneos de caballeros y algunas ferias.

▲ Anfiteatro romano de Pula.

El Anfiteatro se localiza al norte de la ciudad vieja, quedando fuera de las antiguas murallas, hecho que se justifica por el gran tamaño del edificio y por la necesidad de ser construido en un terreno con unas características determinadas. Hoy en día se utiliza para diferentes actos culturales como el prestigioso Festival de Cine de Pula, el Festival Ecuestre, conciertos, óperas, etc., pudiendo acoger a 5.000 espectadores. Las galerías subterráneas, utilizadas en su día como cuadras para las fieras y como vestuarios de los gladiadores romanos, se han reformado convirtiéndose en una exposición del cultivo de la uva y de los olivos en la antigüedad.

Palacio de Diocleciano

Considerado Patrimonio Cultural por la UNESCO desde 1979, los restos de este palacio romano se enmarcan en medio de la ciudad de Split en una curiosa convivencia de lo antiguo con lo moderno.

8

Nacido en Salona en el 244, Diocleciano se convirtió en emperador romano cuando contaba con 40 años, poder que compartió con Maximiano, que se ocupaba del Imperio Romano de Occidente. Su reinado se caracterizó por la feroz persecución a los cristianos y por su reorganización del Imperio instaurando la tetrarquía, es decir, la división del Imperio en dos partes (Oriente y Occidente) y el reparto de poder entre cuatro figuras políticas: dos augustos y dos césares.

En el año 305 Diocleciano se retira de la vida política y se traslada al palacio que había mandado construir a los arquitectos Filotas y Zotikos en Spalatum (Split), donde permanecerá hasta su fallecimiento en 313. Después, el palacio fue utilizado como oficinas administrativas y residencia del gobernador, y en el año 615 sirvió como refugio de vecinos de Salona que huyeron de su ciudad tras la invasión de los Ávaros.

Aunque solo se conservan algunas partes de la construcción original, su vieja disposición se mantiene prácticamente igual. Se trata de un gran palacio de forma rectangular, con 215 m de largo y 180 m de ancho, compuesto por cuatro entradas: la Puerta de Acero, ubicada en el lado oeste, es la mejor conservada y cuenta con una torre campanario del siglo XII; la Puerta de Oro, en el lado norte, que fue la entrada principal en su tiempo; la Puerta de Plata, en el lado este, imitación de la Puerta de Oro; y la Puerta de Bronce, que es la que daba al mar. Estaban conectadas por dos calles principales, el Cardo y el Decumanus.

Las esquinas del palacio estaban ocupadas por torres rectangulares, mientras que cada lateral constaba de cuatro torres más, salvo el lado oeste, es decir, el que daba al mar, en el que se encontraba una loggia romana.

El mejor modo de acceder es desde el paseo marítimo (Riva) a través de la Puerta de Bronce (Mjedena vrata), una entrada muy simple que en su día daba acceso directo al mar. En el interior del palacio está el Mausoleo de Diocleciano, que es actualmente la Catedral de Santo Domingo; y el Peristilo, situado al lado de la intersección del Cardo y el Decumanus y que daba acceso al área sagrada, donde se erigían los templos circulares de Venus y Cibeles, y el de Júpiter, que en la Edad Media pasó a ser el baptisterio de San Juan.

Info

🕐 100, I (A-B2)

Información Turística
✉ Peristil bb.
☎ 02 134 5606.
💲 Gratuito.
🌐 www.visitsplit.com

Podrum (sótanos del Palacio)
🕐 L-S: 8:30 h-21 h (hasta las 17 h en invierno).

▲ Palacio de Diocleciano.

Rovinj

9

La joya de la corona de la costa de Istria, es una de las ciudades mediterráneas más fotogénicas. A pesar de tratarse de uno de los mayores complejos turísticos del país sigue conservando un aire veneciano que le convierte en un lugar muy especial.

Info

Información Turística
- ✉ Obala Pina Budicina, 12.
- ☎ 05 281 1566.
- 🚌 Buses desde Pula, Poreč y Vrsar; y ferri desde Venecia, Trieste, Ravenna y Portoroz (Eslovenia) en temporada alta.
- 🌐 www.rovinj-tourism.com

Existen pocos lugares en Istria tan agradables como Rovinj (Rovigno). Esta ciudad, de unos 15.000 habitantes, ha sabido preservar a la perfección su encanto de villa medieval, desarrollando al mismo tiempo todo su potencial turístico, lo que le ha convertido en el destino preferido del turismo en la Península de Istria.

El origen de Rovinj se debe a los antiguos romanos, que construyeron la ciudad en una isla (que actualmente se corresponde con el casco histórico) separada del interior por un estrecho canal y que fue unida a tierra firme en 1763. Estuvo gobernada por bizantinos y por francos, hasta que en 1283 llegaron los venecianos, que controlaron Rovinj hasta 1797, dejando un poso en la ciudad que todavía hoy es evidente en sus edificios más históricos. En la plaza, enfrente del puerto, está el Arco de Balbi de 1680, antigua puerta de la ciudad y que da paso al casco histórico, donde se puede visitar el Museo de la Ciudad, ubicado en una logia veneciana del siglo XVII, o la Catedral de Sveti Eufemije, reconstruida en 1736 y que cuenta con un campanario inspirado en el de San Marcos de Venecia, que domina todo el horizonte de la ciudad con sus 61 m de altura.

Rovinj es además la ciudad más italiana de todas las de esta costa, como queda patente en sus amplias casas de estilo veneciano, en sus *piazzas,* y en el hecho de que el idioma de Dante sea hablado por casi todos sus habitantes, hasta tal punto que las señalizaciones aparezcan tanto en croata como en italiano.

▼ Puerto de Rovinj.

Zlatni Rat, en la isla de Brač

Si hay una playa que no falta en cualquier folleto publicitario sobre el país esa es Zlatni Rat. Su espectacular forma de aguja que se adentra en el mar la convierten más que en una mera playa, en un fenómeno natural de indiscutible atractivo.

10

A pesar de los 6.278 km de litoral con los que cuenta Croacia, las playas croatas no se caracterizan por ser las mejores del mundo: la mayoría están compuestas de piedras, grava o guijarros, y no suelen ser demasiado extensas. Sin embargo, por los paisajes que las ambientan sí que pueden presumir de estar enmarcadas en entornos naturales incomparables, con tupidos pinares arropándolas contra las cristalinas aguas turquesas del Adriático.

▼ Playa de Zlatni Rat.

Pero, si hay una playa que destaque por su espectacularidad esa es Zlatni Rat (literalmente, Cuerno de Oro). Situada al sur de la isla de Brač, a 2 km de Bol. Destaca por la curiosa lengua de arena y guijarros que se adentra unos 400 m hacia el mar, como queriendo extender la isla de Brač hasta llegar a la vecina Hvar, que está justo enfrente de la playa. Esta lengua de tierra es maleable, y su forma de cuerno varía en función del viento y las mareas, formando en ocasiones una especie de piscina natural de agua de mar en el extremo del promontorio, que se caracteriza por su forma de gancho.

Zlatni Rat es accesible a pie desde Bol, caminando menos de media hora. La belleza de este lugar se aprecia desde las alturas, por este motivo es recomendable ascender hasta la cumbre del Vidova Gora, el pico más alto de la isla con 778 m, desde donde las vistas son espectaculares.

Info

Información Turística
- ✉ Porat bolskih pomoraca bb, Bol.
- ☎ 02 163 5638.
- ⛴ Ferri desde Split a Supetar y de ahí bús a Bol.
- 🌐 www.bol.hr

Visita a Croacia

Zagreb
y el interior de **Croacia**

A pesar de no disfrutar aún de la fama de típica región turística con la que cuentan Istria y la costa dálmata, la región interior encierra una Croacia muy diferente, más balcánica y menos conocida que la de la costa, donde la histórica influencia veneciana y el boom turístico han corrompido en cierta medida la verdadera esencia del país. El hecho de que despierte un interés menor entre los turistas no significa que esté exenta de un rico patrimonio cultural y de unos idílicos paisajes naturales. Zagreb, su capital, es la ciudad más grande del país y la más cosmopolita, cuenta con una rica historia, interesantes museos, y una atractiva agenda de ocio y entretenimiento.

▮ Zagreb

La capital de Croacia es una ciudad moderna que a pesar de contar con cerca de un millón de habitantes ha sabido conservar una belleza muy personal y un ambiente muy relajado. El núcleo histórico se puede dividir claramente en dos partes conocidas como Ciudad Alta (Gornji Grad) y Ciudad Baja (Donji Grad). Sobre una colina, está la Ciudad Alta, es decir, el Zagreb histórico de calles adoquinadas y edificios medievales, y que atesora la mayor parte del patrimonio de la ciudad, fue aquí donde a comienzos del siglo XVII los primitivos pueblos de Kaptol y Gradec se fusionaron para dar lugar a Zagreb. Por su parte, la Ciudad Baja es la zona nueva, donde se concentran un buen número de edificios de estilo secesión, que datan de la planificación urbanística que se llevó a cabo a finales del siglo XIX y principios del XX.

¿Sabías que...?

La patria de la corbata es Croacia. El popular complemento, indispensable a la hora de vestir de traje, tiene su origen en el siglo XVII, época en la que los soldados croatas portaban unas curiosas tiras de seda como parte de sus uniformes. El rey francés Luis XIV quedó cautivado por la nueva prenda, y formó una unidad militar llamada los Royal Cravates, formada en su mayoría por soldados croatas que lucían el nuevo accesorio. Los ciudadanos de París adoptaron en su vestimenta el complemento de moda, haciéndose un nudo al que llamaron "à la croate", que sería la raíz de la nueva palabra francesa *cravate,* es decir, corbata en francés.

◀ En la pág anterior, funicular de Zagreb.

◀ Catedral de Zagreb.

PLANO DE ZAGREB I

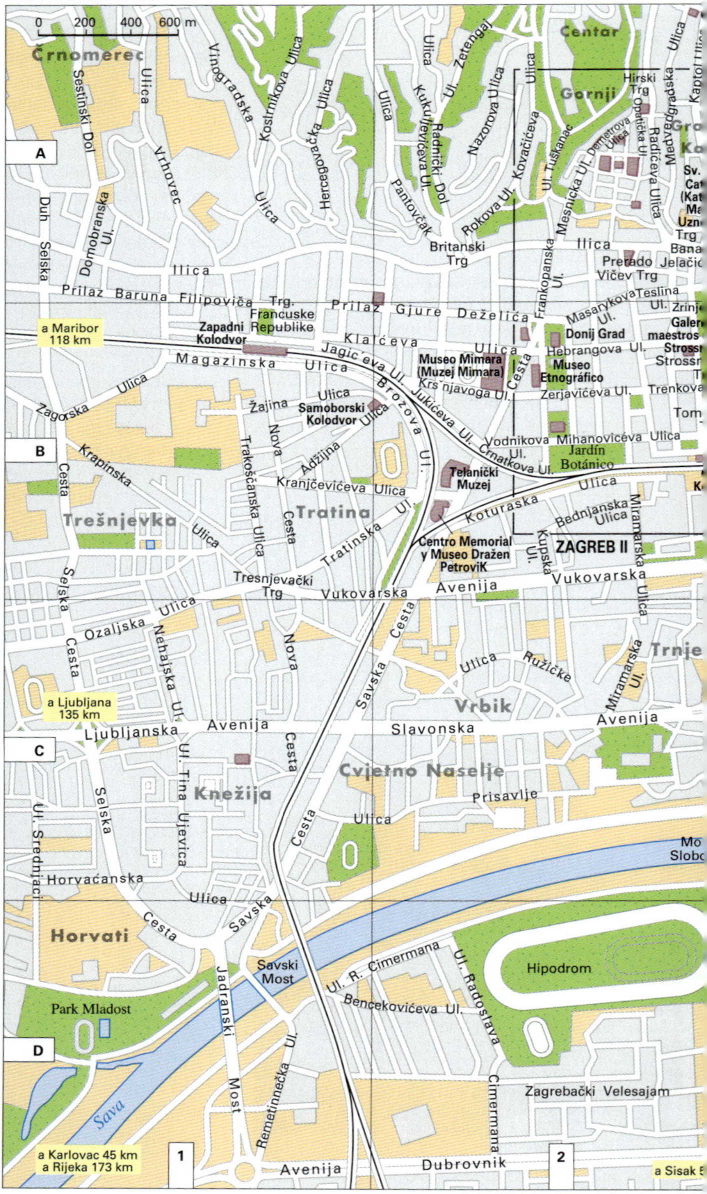

0   200   400   600 m

Črnomerec

Centar

Ulica

Hirski
Trg

Gornji

Sestinski Dol
Ulica
Vinogradska Ulica
Kostnikova Ulica
Radnički Dol
Kukuljevićeva Ulica
Nazorova Ulica
Ulica
Ulica Zetengaj
Kovačićeva
Mesnička Ul.
Tuškanac
Demetrova Ulica
Radićeva Ulica
Kaptol Ulica

A

Gro
Ka
Sv.
Ca
(Kat
Ma
Uzni
Trg
Bana
Jelačić

Vrhovec
Hercegovačka
Ulica
Rokova Ul.
Ulica
Pantovčak

Britanski
Trg

Frankopanska
Ilica
Ul.
Vičev
Teslina
Masarykova Ul.

Dun. Selska
Domoranska
Ilica

Prilaz Baruna Filipovića Trg.
Prilaz Gjure Deželića

Ul. Zrinje

**Galer
maestros
Stross
Strossr
Tr**

a Maribor
118 km
Francuske
Republike
**Zapadni
Kolodvor**
Klaićeva
Ulica
Cesta
Hebrangova Ul.
Donji Grad

Zagorska
Magazinska Ulica
Jagićeva Ul.
**Museo Mimara
(Muzej Mimara)**
Krs njavoga Ul.
**Museo
Etnográfico**
Zerjavićeva Ul.
Trenkova
Tom

Žajina
Ulica
Jukićeva Ul.
Ulica

Ulica
**Samoborski
Kolodvor**
Brozova Ul.

B
Krapinska
Adžijna
Nova
Trakošćanska Ulica
Kranjčevićeva Ulica
Tratina
Ul.
Vodnikova
Ul.
Mihanovićeva Ulica
Ul. Crnatkova
**Jardín
Botánico**

**Tehnički
Muzej**
Koturaška
Bednjanska
Ulica
K

Trešnjevka
Ulica
Cesta
Tratinska Ul.
**Centro Memorial
y Museo Dražen
PetroviK**
Kupska
Ul.
Miramarska Ulica

Selska
Ozaljska Ulica
Nehajska Ul.
Tresnjevački
Trg
Vukovarska
ZAGREB II
Vukovarska
Avenija

Nova
Cesta
Ulica
Ružičke
Trnje

Cesta
Savska
Miramarska
Ul.
Avenija

a Ljubljana
135 km
Ljubljanska
Avenija
Slavonska
Vrbik

C
Ul. Tina Ujevica
Knežija
Cesta
Cvjetno Naselje
Prisavlje

Ul. Srednjaci
Selska
Cesta
Ulica
Mo
Slobo

Horvaćanska
Ulica
Savska

Horvati
Cesta
Savski
Most
Hipodrom

Jadranski
Park Mladost
Ul. R. Cimermana
Ul. Radoslava

D
Bencekovićeva Ul.
Cimermana

Zagrebački Velesajam

Remetinečka Ul.
Most
Sava

a Karlovac 45 km
a Rijeka 173 km
1
Avenija
Dubrovnik
2
a Sisak

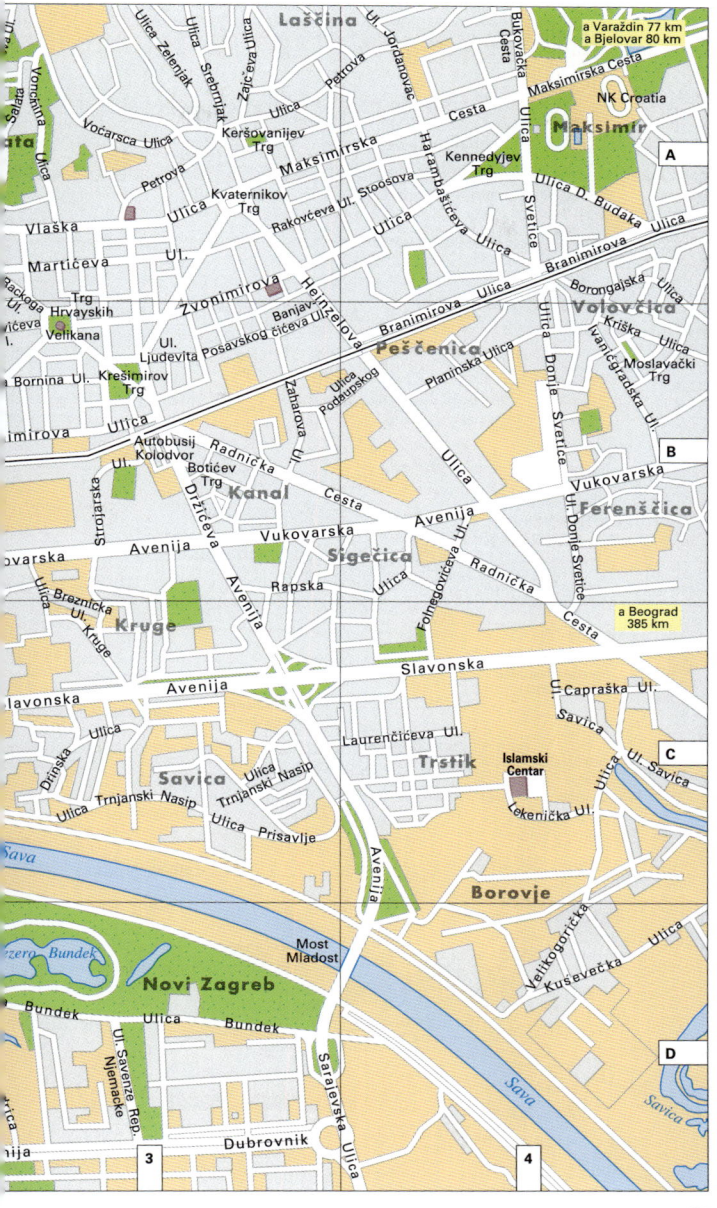

Mirski Trg

Torre (Popov toranj)

Museo de la Ciudad de Zagreb

Gornji

Dubravkin Put

Museo de Historia natural (Prirodoslovni Muzej)

Gradec

Estudio Meštrović

Banski Dvori

Iglesia de San Marcos

Museo de Historia (Hrvatski Povijensni Muze)

Parlamento (Sabor)

Markov Trg

Museo de Arte Naif Croata

San Cirilo y San Metodio

Museo de las Relaciones Rotas

Puerta de Piedra

Torre de los Ladrones

Galería Klovićevi Dvori

Túnel Gric

Katarin Trg

Sv. Katarina

Igl. de Santa Maria

Mercado Dolac

Catedral (Katedrala sv. Stjepana)

Skalinska

Pod Zidom

Stube

Kaptol

Sv. Franjo

Opatovina Ul.

Cesarčeva

Trg Bana Jelačića

Ilica

Ilica

Prerado Vićev Trg

Bogovićeva Ulica

Jurišićeva Ul.

Varšavska

Gundulićeva

Teslina

Amruševa Ul.

Museo Arqueológico (Arheološki muzej)

Petrinjska

Masarykova Ulica

Preradovićeva

Berislavićeva Ul.

Dordićeva U

Zrinjevac

Museo de Artes y Oficios (Muzej za Umjetnost i Obrt)

Trg Maršala Tita

Teatro Nacional Croata (Hrvatsko Narodno Kazalište)

Donji

Grad

Boškovićeva

Hebrangova

Galería de Arte Moderno (Moderna Galerija)

Galería de maestros antiguos Strossmayer (Galerija Starih Majstora)

Frankopanska

Museo Etnográfico

Trg Brace Mažuranića

Žerjavićeva

Strossmayerov Trg

Marulićev Trg

Trenkova

Svačićev Trg

Kumićeva

Haulikova

Pabellón de las Artes Umjetnički Pavilijon)

Archivo estatal (Hrvatski državni arhiv)

Tomislavov Trg

Mihanovićeva

Starčevićev Trg

Estación Central (Glavni Kolodvor)

Runjaninova Ul.

Jardín Botánico

Grgurova Ul.

Ulica

Trnjanska

Koturaška

Martinovka

Bednjanska Ulica

Miramarska Ul

Paromilinska Ul.

a Sisak 56 km

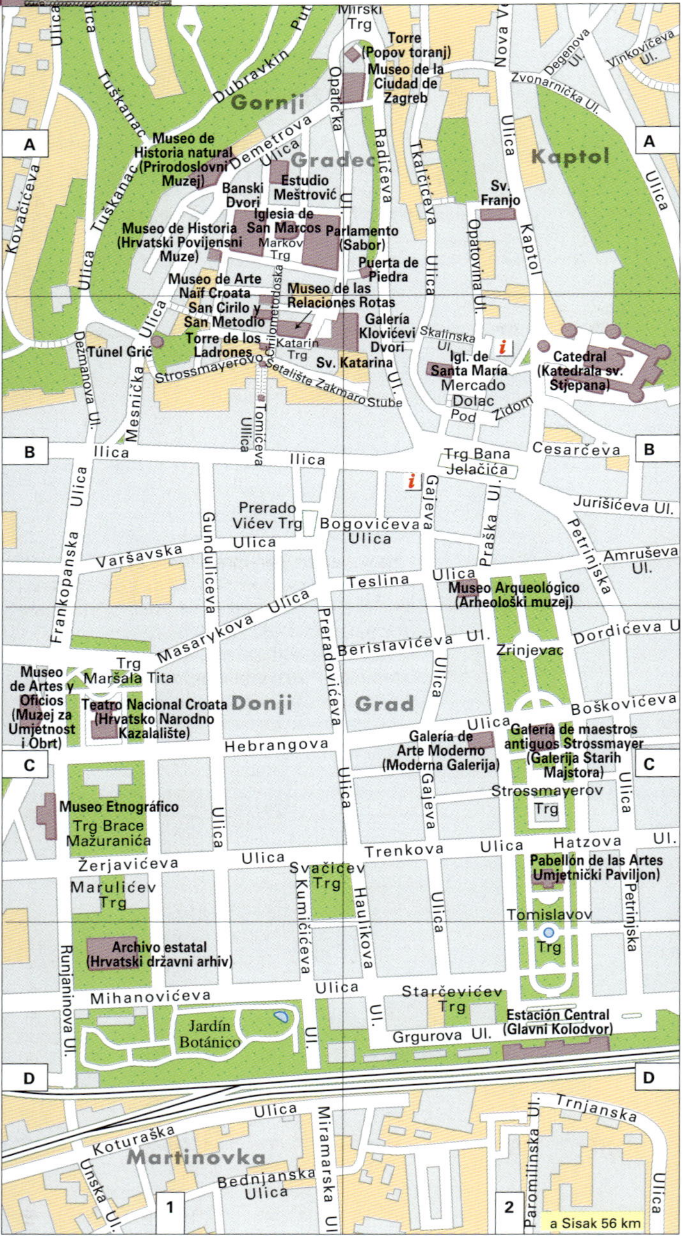

Distancia
2 km

Tiempo
1 h-3 h

Punto de Partida
Trg Bana Jelačića

Punto de Llegada
Catedral (Katedrala Sveti Stjepana)

🚋 Tranvías: 1, 6, 11, 12, 13, 14, 17 (hasta Trg Bana Jelacika)
🍴 Trilogija
✉ Kamenita, 5

▶ Detalle del tejado de la Iglesia de San Marcos.

▼ Monumento a la Virgen María de Zagreb.

La Ciudad Alta de Zagreb

▎El recorrido comienza en Trg Bana Jelačića, plaza principal de la ciudad, de la que saldremos por su parte oeste para coger Ilica, la calle más comercial. Allí giraremos por Tomićeva, la primera calle a la derecha donde está el funicular que asciende hasta Gornji Grad. El funicular sale cada 10 minutos, pero también se puede acceder por las escaleras.

Una vez arriba, llegamos a Strossmayerovo Šetalište, donde se encuentra la Torre de los Ladrones (▶43), que dejaremos a nuestra izquierda para continuar por Cirilometodska, calle en la que se localiza la Iglesia Ortodoxa de San Cirilo y San Metodio (s. XIX), y el Museo Nacional de Arte Naïf (▶41). Continuando hasta el final llegamos a Markov Trg (Plaza de San Marcos).

▎En la Plaza de San Marcos nos encontramos con la Iglesia de San Marcos, con su colorido de su tejado, que muestra los escudos de armas de Croacia, Dalmacia, Eslavonia y Zagreb. En la parte oeste se sitúa el Palacio del Gobernador, del siglo XVII, y al oeste el Parlamento *(Sabor),* que data de 1910 y en el que se proclamó la independencia de Croacia.

Siguiendo por Kamenita, pasamos bajo la Puerta de Piedra (*Kamenita Vatra*), acceso original de la antigua ciudad de Gradec. Tomamos la escalera que hay a la derecha, junto a la estatua de San Jorge, y bajamos hasta Ulica Radićeva, por la que seguiremos hasta llegar a Krvavi Most (Puente de Sangre), desde donde callejeando por Skalinska llegamos al Mercado Dolac (▶22).

▎Salimos por el norte de la plaza hasta llegar a la Catedral de San Esteban, fin del recorrido. Con algo de suerte nos podemos cruzar con un farolero que enciende manualmente las farolas de la Ciudad Alta.

▼ Pabellón rojo en el jardín botánico de Zagreb.

LO QUE HAY QUE VER EN ZAGREB

▌ MUSEO ARQUEOLÓGICO (ARHEOLOŠKI MUZEJ) ✱✱

El Museo Arqueológico de Zagreb presume de ser el que mayor número de objetos expone al público, un total de 460.000 piezas. Fundado en 1864, se localiza en Vranyczany-Hafner, un palacete de estilo historicista, junto al parque Zrinjevac. El museo se divide en varias secciones en función del periodo histórico. La colección prehistórica muestra el desarrollo de diferentes culturas desde el Paleolítico al comienzo de la Edad de Hierro, su pieza más destacable es la Paloma de Vučedol, una especie de jarra en forma de ave con detalles tallados y encontrada en Vukovar con unos 4.000 años de antigüedad. De la época antigua destacan la gran cantidad de piezas rescatadas de la época griega y romana, y entre los tesoros de joyería de la Edad de Bronce sobresale el Ídolo de Dalj (s. XIV a.C.). En cuanto al periodo egipcio, sorprende su colección, donde el objeto excepcional es la llamada Momia de Zagreb o Momia de Agram, que fue traída de Egipto en 1848 y que en sus vendas de lino conserva el texto etrusco más largo del planeta.

▌ ESTUDIO MEŠTROVIĆ (FONDACIJA IVAN MEŠTROVIĆ) ✱✱

El Estudio Meštrović es junto con la Galería Meštrović Kaštelet-Crikvine en Split y con la iglesia de Santísimo Redentor en Otavice, los lugares dedicados a la obra de Meštrović, el escultor croata más internacional. Este estudio es la antigua vivienda familiar en la que Ivan Meštrović (1883-1962) vivió entre 1922 y 1942. El artista la donó a su país con 300 esculturas de diferentes materiales que están hoy expuestas en la casa junto con fotografías y documentación del artista, así como obras de escultores contemporáneos a Meštrović.

▌ JARDÍN BOTÁNICO (BOTANIČKI VRT) ✱

Fundado en 1889 por el naturalista Antun Heinz (1861-1919), el jardín botánico ocupa la parte central de la llamada Herradura Verde, un conjunto de parques y jardines dispuestos en forma de "U" que se localizan en el centro de la ciudad nueva de Zagreb. Cuenta con 4,7 ha, y unas 10.000 especies de plantas procedentes de todos los lugares del planeta, algunas de ellas en peligro de extinción. Es un lugar para relajarse y disfrutar de sus estanques con nenúfares y peces, de sus preciosos parterres, o simplemente observando la gran cantidad de especies que contienen sus invernaderos.

◀ Cementerio de Groblje Mirogoj.

I MUSEO ETNOGRÁFICO (ETNOGRAFSKI MUZEJ) ✱

Ubicado en un importante edificio de estilo secesión que una vez albergó la Casa de los Artesanos. Inaugurado en 1919, acoge todo tipo de objetos, joyas y utensilios artesanales, así como una importante colección de trajes típicos croatas. La exposición permanente alberga cerca de 3.000 piezas, clasificadas en tres áreas que se corresponden con las diferentes culturas croatas: Panonia, Dinárica y Adriática. El museo cuenta además con una sección en la que se exponen objetos tradicionales de otras culturas no europeas.

- 38, II (C1)
- Trg Mažuranića, 14.
- 01 482 6220.
- M-J: 10 h-18 h. V-D: 10 h-13 h.
- 4 €.
- Tranvías: 12, 13, 14 y 17.
- www.emz.hr

I CIUDAD ALTA (GORNJI GRAD) (▶22)

I CEMENTERIO MIROGOJ (GROBLJE MIROGOJ) ✱✱

No todas las ciudades del mundo pueden presumir de tener un cementerio entre sus principales atracciones turísticas. Groblje Mirogoj se trata de uno de los camposantos más majestuosos de toda Europa. Fue construido en 1876, aunque hasta 1929 no se acabaron los trabajos. El diseño corrió a cargo del arquitecto austriaco Hermann Bollé (1845-1926), que dotó a la necrópolis de arcadas a la entrada de los mausoleos, de muros con cúpulas, y de una magnífica iglesia que está ubicada en la puerta principal, y todo esto intercalado con elaborados jardines y esculturas.

En este lugar descansan juntos judíos, musulmanes, católicos y ortodoxos, y entre los personajes célebres que recibieron sepultura aquí, se encuentra Franjo Tuđman, primer presidente croata, fallecido en Zagreb en 1999.

- F.p.
- Mirogoj, 10.
- 01 469 6700.
- L-D: 8 h-18 h.
- Gratuito.
- Bus 106 (desde la Catedral),
- Tranvía 14 (desde Trg bana Josipa Jelačića).
- www.gradskagroblja.hr

I MUSEO DE ARTE NAÏF CROATA (HRVATSKI MUZEJ NAIVNE UMJETNOSTI)

Se trata del primer museo de arte naïf del mundo. Fue inaugurado en 1994, aunque desde 1952 ya funcionaba con el nombre de Galería de Arte Primitivo.

- 38, II (B1)
- Sv. Ćirila i Metoda, 3.
- 01 485 1911.
- M-V: 10 h-18 h.
  S-D: 10 h-13 h.
- 5,50 €.
- Tranvías: 1, 6, 11, 12, 13, 14 y 17.
- https://hmnu.hr

El movimiento naïf surgió en Hlebine en la década de los treinta del siglo pasado de la mano de dos artistas pioneros y autodidactas, Ivan Generalić (1914-1992) y Mirko Virius (1889-1943).

La colección permanente recoge cerca de 80 cuadros y esculturas de más de una veintena de artistas nacionales y algún extranjero. Entre las pinturas más destacadas se encuentran las de Ivan Lacković (1931-2004) considerado para la mayoría de la crítica como la figura más importante del movimiento naïf en Croacia.

❙ CATEDRAL DE SAN ESTEBAN (KATEDRALA SV. STJEPANA) ✶✶

La Catedral es uno de los símbolos más importantes de la ciudad. El edificio actual data de finales del siglo XIX, y se debe a los trabajos de reconstrucción llevados a cabo por los arquitectos Friedrich von Schmidt y Hermann Bollé, que se vieron en la tesitura de levantar un templo prácticamente nuevo, ya que el terremoto de 1880 había destrozado el campanario, la cúpula y parte de los muros del antiguo templo del siglo XIII. La parte más llamativa de la Catedral de Zagreb son los dos capiteles que flanquean su fachada neogótica, uno de ellos está dedicado a San Esteban y el otro a San Ladislao.

El interior se compone de tres naves y un ábside poligonal, y conserva algunos trabajos góticos y renacentistas de los siglos XIII al XV, así como las tumbas de importantes personalidades religiosas como Krsto Frankopan y el cardenal beatificado Alojzije Stepinac, cuyo sepulcro está diseñado por el escultor Ivan Meštrović.

· · · · · · · · ·

🅞 38, II (B2)
✉ Kaptol, 31.
☎ 01 481 4727.
🕑 L-S: 10 h-17 h. D: 13 h-17 h.
💶 Gratuito.

▲ Distintas vistas de la Catedral de Zagreb.

I TORRE DE LOS LADRONES (KULA LOTRŠČAK) ★★★

La Torre de los Ladrones se trata de uno de los edificios más emblemáticos y viejos de la Ciudad Alta, siendo el único bastión que se conserva desde el siglo XIII. Su nombre se debe a que antiguamente hacían sonar sus campanas a medianoche para cerrar las murallas de la ciudad, evitando de esta manera la entrada de ladrones.

Desde 1877, la campana fue retirada siendo sustituida por un cañón que se dispara todos los días a mediodía, y que sirve para coordinar el horario en el que suenan todas las campanas de Zagreb, una ceremonia que atrae diariamente a muchos curiosos. Otro aliciente que hace imprescindible la visita a esta torre es su terraza-mirador, desde donde se obtienen las mejores vistas de la ciudad.

● 38, II (B1)
✉ Strossmayerovo Šetalište, 9.
☎ 01 485 1768.
● M-D: 11 h-20 h.
🚋 Funicular a Gornji Grad.

Información Turística
La Torre Lotršćak
✉ Kula Lotršćak, Strossmayerovo Šetalište.
☎ 01 485 1510.

I PARQUE MAKSIMIR (MAKSIMIRSKI PERIVOJ) ★★

El Parque Maksimir es el lugar de recreo por excelencia de los ciudadanos de Zagreb. Fue inaugurado en 1794 convirtiéndose en el primer parque de uso público del este de Europa; de sus primeros años todavía se conservan algunos lugares emblemáticos como el mirador de Vidikovac (1843), una torre de 17 m con buenas vistas al parque, y el Paviljon jeke o Pabellón del eco (1840), único pabellón que aún se conserva, cuyo suelo está hecho de unas placas de piedra especiales que hacen que el sonido reverbere produciendo el eco que le da su nombre.

Actualmente el parque acoge el zoo de Zagreb y cerca de su entrada se localiza el Stadion Maksimir, donde disputa sus partidos la selección croata de fútbol y el Dinamo de Zagreb.

● 37, I (A4)
✉ Maksmirska Cesta.
☎ 01 232 0460.
● Zoo: L-D. 9 h-20 h.
💶 Zoo: 4 €.
🚋 Tranvías: 11 y 12.
🌐 www.park-maksimir.hr
🌐 Zoo: www.zoo.hr

▲ Funicular y Torre de los Ladrones.

● F.p.
☎ 01 458 6317.
🚡 Transporte hasta el teleférico: tranvía 15.
🌐 www.pp-medvednica.hr

▌PARQUE NATURAL DE MEDVEDNICA ✶✶✶

El Parque Natural de Medvednica que domina todo el norte de la ciudad de Zagreb se compone de una serie de pronunciadas montañas que superan los 1.000 m y que cuentan con un conjunto de senderos perfectamente señalizados y fácilmente accesibles en transporte público desde la ciudad.

El pico más popular, y a su vez el más elevado es el Sljeme (1.035 m), al que se puede llegar desde el pueblo de Šestine (autobús 102 desde Britanski Trg); o desde Dolje (tranvía 8 o 14 hasta Mihaljevac, desde donde se toma el tranvía 15 hasta Dolje), desde donde se atraviesa un túnel tras el cual parten varios senderos hasta la cima, fácilmente reconocible por la antena de telecomunicaciones instalada en la cumbre. Otro modo de llegar hasta el Sljeme es mediante el teleférico que parte de Gračanski Bliznec, que lleva operando desde 1963. Una vez en la cumbre se podrá encontrar merenderos, bares, restaurantes, e incluso en invierno pistas de esquí. En las inmediaciones del pico se localiza la Iglesia de Nuestra Señora, construida en 1932 para conmemorar los mil años de cristianismo en Croacia.

● 38, II (A2)
✉ Opatička, 20.
☎ Visitas guiadas: 01 485 1361.
● M-V: 10 h-18 h. S: 11 h-19 h. D: 10 h-14 h.
🎟 5 €.
🌐 www.mgz.hr

▌MUSEO DE LA CIUDAD DE ZAGREB (MUZEJ GRADA ZAGREBA) ✶✶

Se trata del museo más completo que existe para conocer la historia de la ciudad de Zagreb. Fue inaugurado en 1907, instalándose en el convento del siglo XVII de las Pobres Clarisas. La exposición permanente, que cuenta con más de 4.500 objetos, da una visión de todos los aspectos de la capital croata, desde temas políticos, económicos o religiosos, a aspectos de la vida cotidiana de la ciudad desde la Prehistoria hasta nuestros días. La mayor parte de la colección se presenta de forma cronológica y dividida en 45 temas diferentes con una gran cantidad de material interactivo muy educativo y bien explicado.

La muestra hace especial hincapié en el desarrollo paralelo que fueron llevando las dos ciudades medievales, vecinas y rivales, que con su unión darían lugar a la fundación de Zagreb. Por un lado la eclesiástica Kaptol, y por otro la libre Gradec. Una de las partes más interesantes del museo es la recreación de la calle Ilica en el siglo XIX, la avenida comercial más importante de la ciudad, o el vídeo que cuenta los dramáticos acontecimientos que ocurrieron en 1991, cuando las tropas serbias bombardearon el Palacio Presidencial.

I MUSEO MIMARA (MUZEJ MIMARA) **★★**

Se trata de un espacioso museo ubicado en un palacio neorrenacentista del siglo XIX que atesora la mayor parte de la colección que fue almacenando el multimillonario empresario croata Ante Topić Mimara (1898-1987). La exposición recoge cerca de 3.800 piezas de diferente calado.

Desde cuadros de importantes pintores como Rembrandt, Rubens, Rafael, Renoir o Velázquez, pasando por esculturas de la antigüedad, hasta objetos de los Imperios egipcio y romano. Asimismo, el museo cuenta con un importante fondo bibliotecario que supera los 5.000 títulos.

⊕ 36, I (B2)
✉ Rooseveltov Trg 5.
☎ 01 482 8100.
◷ M-S: 10 h-17 h. J: 10 h-19 h. D: 10 h-14 h.
🚃 Tranvías: 12, 13, 14 y 17.
🌐 www.mimara.hr

▼ Museo de la Ciudad de Zagreb.

- 38, II (C2)
- Trg Nikole Subica Zrinskog, 11.
- 01 489 5117.
- M: 10 h-19 h. X-V: 10 h-16 h. S-D: 10 h-13 h. Cerrado temporalmente.
- Tranvías: 6 y 13.
- https://sgallery.hazu.hr/

- 38, II (B2)

Información Turística
- Trg Bana Josip Jelačić,11.
- 01 481 4051.
- Tranvías: 1, 6, 11, 12, 13, 14 y 17.

▼ Plaza Trg Bana Josip Jelačić.

GALERÍA DE MAESTROS ANTIGUOS STROSSMAYER (STROSSMAYEROVA GALERIJA STARIH MAJSTORA) **

Esta galería de arte fue fundada por el obispo de Đakovo Josip Juraj Strossmayer (1815-1905), líder nacionalista croata que precisamente cuenta con una estatua en los exteriores del museo obra del escultor Ivan Meštrović. La exposición se divide en diez salas en las que se muestran los trabajos de diferentes pintores europeos comprendidos entre los siglos XIV y XIX. Las seis primeras salas están copadas por los trabajos de artistas italianos como Botticelli, Carpaccio, Lippi o Tintoretto; las tres siguientes recogen los trabajos de los maestros del norte de Europa (flamencos, alemanes, holandeses…); la última sala está reservada para los pintores franceses. La Galería cuenta con más de 4.000 obras, de las cuales tan solo 256 están expuestas al público en este y otros museos del país.

TRG BAN JOSIP JELAČIĆ ***

Auténtico centro neurálgico de Zagreb, se trata de la plaza principal de la ciudad desde que en el siglo XIX, el vasto espacio fuera utilizado por las autoridades austrohúngaras para cobrar los impuestos. Hoy en día la plaza es un auténtico hervidero en el que los ruidos de los tranvías al pasar, el continuo deambular de personas apresuradas y las conversaciones de los cafés son una constante. De todo ello es testigo impasible la estatua ecuestre de Josip Jelačić (1801–1859), icono del nacionalismo croata que da nombre a la plaza. Precisamente su estatua fue retirada en 1947 por partidarios del gobierno comunista de Tito, ya que la consideraban una especie de ofensa para el gobierno. Finalmente en 1990 fue reconstruida y devuelta a su lugar, cambiando su antigua orientación hacia el norte (desafiando a Austria y Hun-

gría), por una orientación hacia al sur, en un gesto que pretendía expresar la ruptura con sus vecinos balcánicos.

I MUSEO DE LAS RELACIONES ROTAS (MUZEJ PREKINUTIH VEZA) ✶ ✶

En este espacio el visitante, a través de objetos donados y recreaciones, se hace eco de historias que partieron el corazón a personas anónimas de todo el mundo, desde un joven adolescente que se enamoró de una compañera de clase que a mitad de curso se mudó de ciudad y ya nunca más volvió a ver, hasta una carta que dejó escrita una madre a su hija antes de suicidarse. En resumen, un novedoso museo en el que las emociones tienen su hueco. Inaugurado en 2006, recibió en 2011 el Premio Kenneth Hudson al museo más innovador de Europa.

• • • • • • • • • • •
- 🕒 38, II (B1)
- ✉ Ćirilometodska, 2.
- ☎ 01 4851 021.
- 🕐 Jun-sept.: 9 h-22:30 h. Oct-may.: 9 h-21 h.
- 🎫 7 €.
- 🌐 www.brokenships.com

I CENTRO MEMORIAL Y MUSEO DRAŽEN PETROVIĆ (MUZEJSKO MEMORIJALNI CENTAR DRAŽEN PETROVIĆ) ✶

Museo en honor de este célebre jugador de baloncesto. La colección permanente incluye objetos relacionados con su vida y su carrera deportiva, ordenados de manera cronológica por los lugares (Zagreb, Madrid, Estados Unidos...) en los que ejerció su carrera deportiva.

• • • • • • • • • • •
- 🕒 36, I (B2)
- ✉ Trg Dražena Petrovića, 3.
- ☎ 01 4841 146.
- 🕐 L-V: 10 h-17 h.
- 🎫 4 €.
- 🚋 Tranvías: 9, 12, 13, 14 y 17.
- 🌐 www.drazenpetrovic.net

I TÚNEL SECRETO DE GRIČ ✶

Construido durante la II Guerra Mundial como refugio de los bombardeos, las obras finalizaron en 1945. Mide unos 350 m de largo, se recorre en apenas 5 minutos y cuenta con entradas/salidas ubicadas en las calles Mesnicka, Tomiceva, Ilica y Radiceva. En el pasado acogió cobijó a personas sin hogar y sirvió de refugio durante la guerra de los Balcanes; hoy se emplea también como galería de arte.

• • • • • • • • • • •
- 🕒 38, II (B1)
- ✉ Gornji Grad (Ciudad Alta).
- 🕐 L-D: 9 h-21 h.

▼ Túnel Grič en el casco antiguo de Zagreb.

▲ Calle principal de Čakovec

El interior de Croacia

En la región más oriental está Eslavonia, una zona de fértiles campos, y en la que la huella de la Guerra de los Balcanes es todavía visible en ciudades como Vukovar. Al norte de Zagreb se encuentra Zagorje, una región de suaves colinas y que cuenta con algunos de los paisajes más bellos del país, y ciudades como Varaždin, con buena arquitectura barroca. Al oeste de la capital se localiza el Parque Natural de Žumberak-Samoborsko, una exuberante región de montes, ríos y bosques. En la parte sur de la Croacia central se extiende la región pantanosa por la que discurre el Sava, el principal río croata, es aquí donde se encuentra el Lonjsko Polje, un parque natural que cuenta con la reserva ornitológica más grande de Croacia.

LO QUE HAY QUE VER EN EL INTERIOR

▌ČAKOVEC   ✱

Información Turística
✉ Kralja Tomislava, 1.
☎ 04 031 3319.
🚌 Bus y tren desde Varaždin.
🌐 www.visitcakovec.com

Castillo
🕐 M-V: 10 h-15 h.
    S-D: 10 h-13 h.

Čakovec es con sus más de 30.000 habitantes la ciudad más importante del condado de Međimurje, el más septentrional del país y que hace frontera con Eslovenia y Hungría. El origen de la ciudad se remonta a un asentamiento romano llamado Aquama (ciudad húmeda), del cual se tiene constancia que se construyó en la zona. Sin embargo, las primeras pruebas escritas sobre la primitiva ciudad datan de un documento del siglo XIII en el que se habla de la Torre de Čakov, origen del nombre actual de Čakovec.

El verdadero desarrollo de la ciudad llegó de la mano de la familia Zrinski en los siglos XVI y XVII, la cual transformó la torre en un majestuoso castillo rodeado por un foso que lo hacía inexpugnable. El castillo acoge actualmente el Museo de Međimurje, en el que se encuentra la tumba de Nikola Zrinski (1620-1664), un valeroso gobernador croata que luchó contra el avance de los turcos.

▌ĐAKOVO   ✱

Información Turística
✉ Kralja Tomislava, 3.
☎ 03 181 2319.
🚌 Bus y tren desde Osijek y Salvonski Brod.
🌐 https://visitdakovo.croatia.hr/en-gb

Conocida en tiempos medievales como Civitas Dyaco, llegó a ser una ciudad muy influyente durante el siglo XIII. Posteriormente fue tomada por los turcos en 1536, de esta época solo se conserva la Iglesia de Todos los Santos (Sv. Sveti) al final de la avenida principal, ya que la ciudad fue totalmente renovada en el siglo VIII. El edificio más importante de Đakovo es la Catedral de San Pedro (Sv. Petar), que domina toda la ciudad con los dos campanarios de 84 m que flanquean la fachada. De estilo neogótico, fue construida por el arquitecto austriaco Frederick Schmidt en ladrillo rojo entre 1862 y 1882, siguiendo el encargo del obispo Josip Juraj Strossmayer. Aquí se encuentra Stad Stud Farm, una antigua granja de cría de caballos de raza lipizzana muy popular en el mundo equino. Un recorrido guiado permite al visitante conocer a fondo estos caballos.

▼ Catedral de de San Pedro de Đakovo.

I HLEBINE ★★

El interés de este pueblo radica en que fue el lugar de nacimiento del arte naïf en Croacia, con la creación en la década de los 30 de la Escuela de Hlebine por parte del pintor expresionista Kristo Hegedušić (1901-1975). Actualmente se puede visitar la Galerija Hlebine, en la que se exponen los trabajos de diferentes artistas y donde Ivan Generalić, la figura más destacada del arte naïf croata, cuenta con una sala permanente donde se exponen algunos de sus trabajos.

Información Turística
⊠ Trg Ivana Generalića, 1.
☎ 04 883 6139.
🚍 Bus desde Koprivnica.

Galerija Hlebine
⊠ Trg Ivana Generalića, 15.
☎ 04 883 6075.
🕐 L-V: 10 h-16 h. S: 10 h-14 h.

I RESERVA NATURRAL DE KOPAČKI RIT (PARK PRIRODE KOPAČKI RIT) ★★

A 8 km de Osijek la carretera pasa por el pueblo de Belje, puerta de acceso a la Reserva Natural de Kopaćki Rit. El parque cubre un área de 170 km², en la que predominan las marismas y los bosques parcialmente sumergidos, justo en el punto en el que las rápidas aguas del río Drava se juntan con el lento cauce del Danubio, provocando una acumulación de aguas que

☎ 031 285 370.
🕐 L-D: 9 h-17 h.
🕐 Verano: 9 h-17 h. Invierno: 8 h-16 h.
💶 15 €.
🚍 Bus a Bilje desde Osijek.
🌐 https://pp-kopacki-rit.hr/

RUTA EN COCHE

Distancia
140 km

Tiempo
3-5 h (dependiendo de las paradas)

Punto de Partida
Sisak

Punto de Llegada
Sisak

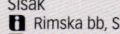 Rimska bb, Sisak
☎ 044 522 655
🕿 https://tzg-sisak.hr/

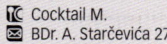 Cocktail M.
✉ BDr. A. Starčevića 27, Sisak
☎ 04 454 9137

Parque Natural de Lonjsko Polje

❙ El recorrido comienza en Sisak, ciudad situada en la parte norte del parque y que cuenta con más de 60.000 habitantes. Sisak es el punto en el que los ríos Kupa y Odra desembocan en el Sava, río que seguiremos a lo largo de casi toda la ruta. La principal atracción de esta ciudad es su fortaleza del siglo XIII, a orillas del Kupa.

Dejamos Sisak y nos dirigimos hacia la autopista (autocesta) por la carretera 36, después de conducir durante unos 5 km giramos hacia la derecha en dirección Lonja, entrando en el Parque Natural de Lonjsko Polje. Después de dejar atrás los pintorescos pueblos de Budaševo y Topolovac, continuaremos dirección sur pegados al río Sava pasando por diferentes aldeas como Prelošćica, Lukavec Posavski y Gušće, tras la que nos iremos separando del río para llegar a Čigoć.

❙ Čigoć es famoso por el gran número de cigüeñas blancas que acuden hasta aquí en primavera y verano para hacer su nido. Cuando esto ocurre son muy pocos los tejados de las casas que se quedan sin anidar.

Continuamos por la misma carretera dirección sur pasando por Kratečko, Mužilovčica, Suvoj, hasta llegar a Lonja donde la carretera empeora en algunos tramos que están sin asfaltar. Tras pasar un pequeño puente, giramos a la derecha dirección Jasenovac, donde la carretera marcha sobre un dique sobre las marismas. Tras pasar Puska se llega a Krapje.

❙ Krapje es otro de los lugares que merece una parada para visitar sus casas de madera tradicionales, algunas de ellas con más de 200 años de antigüedad.

Dejamos Krapje y continuamos hacia el sur volviendo a pegarnos al río en Drenov Bok, desde donde parte el sendero hacia la reserva ornitológica de Krapje Đol. Después de unos 10 km llegamos a Jasenovac, donde hay que cruzar el río Sava y tomar la carretera 47 hasta Hrvatska Dubica, donde hay que girar hacia la derecha y coger la carretera 224 que nos llevará de nuevo a Sisak.

▲ Antigua fortaleza de Sisak, a orillas del río Kupa.

inunda el terreno. La reserva cuenta también con algunas partes secas en las que crecen enormes sauces y robles muy altos.

Posee una gran cantidad de especies de aves, algunas autóctonas, y otras migratorias, y también cuenta con mamíferos como el jabalí salvaje o el ciervo. Durante la guerra (1991-1995), el parque fue ocupado por tropas serbias, siendo minadas algunas zonas. Se supone que todas estas minas ya han sido retiradas y se puede transitar sin problemas por el parque, aunque es conveniente no salirse de las carreteras y los senderos.

▼ Vista panorámica de Krapina.

I KRAPINA ✳

Entre Zagreb y Maribor (Eslovenia), en el centro del condado de Krapina-Zagorje, se encuentra esta pequeña localidad muy famosa entre los arqueólogos por el descubrimiento de restos pertenecientes al llamado Hombre de Krapina *(Homo kaprinensis),* una especie de Neandertal que vivió en las cuevas de esta región hace unos 30.000 años. Los huesos pertenecientes a distintas clases de homínidos fueron encontrados en 1899 por el arqueólogo croata Dragutin Gorjanović Kramberger en la colina de Hušnjakovo, al oeste del centro de la ciudad.

La mayor parte de esos restos se encuentran en el Museo Arqueológico de Zagreb (▶40). Sin embargo, algunos cráneos humanos, huesos de mamíferos, utensilios y armas están expuestos en el pequeño museo Neanderthal, que se encuentra justo debajo del yacimiento, hasta el que se puede acceder siguiendo un sendero marcado por figuras de neandertales en tamaño real.

Información Turística
- ✉ Magistratska, 11.
- ☎ 049 371 330.
- 🚌 Desde Zagreb.
- 🚆 Desde Zagreb cambiando en Zabok.
- 🖥 www.tzg-krapina.hr

Museo Neanderthal
- ✉ Šetalište Vilibalda Sluge.
- ☎ 04 937 1491.
- 🕐 Abr-sep.: 9 h-18 h.
  Oct-mar.:9 h-16 h.
  L: cerrado.
- 💰 6 €.

Información Turística
- ✉ Cesta Lijepe nase, 6a.
- ☎ 04 950 2044.
- 🚌 Bus desde Zagreb.
- 🌐 www.kumrovec.hr

Staro Selo
- ✉ Kumrovec bb.
- ☎ 049 225 830.
- ⏱ Abr.-sep.: 9 h-19 h.
  Oct-mar.: 9 h-16 h
- 🌐 http://www.mhz.hr/

▲ Estatua del Mariscal Tito en Kumrovec.

▶ Las famosas casas de madera de Čigoč en el Parque Nacional de Lonjsko Polje.

❙ KUMROVEC   ✱✱

Situado muy cerca de la frontera con Eslovenia, en la región de Zagorje, se localiza este pequeño pueblo que debe su fama a ser el lugar de nacimiento del dictador comunista Josip Broz, comúnmente conocido como Tito o Mariscal Tito (▶16). Nacido en 1892, hoy día se puede visitar la casa en que vivió su familia hacia 1860 y que en 1953 se reconvirtió en parte del Museo Etnográfico Staro Selo, un museo al aire libre que recrea con suma autenticidad la vida en una aldea campesina croata de finales del siglo XIX. Aquí podemos encontrar una serie de fotos y recuerdos de Tito, incluido el uniforme que llevó el Mariscal mientras lideraba a los Partisanos yugoslavos en la refriega de 1944 en la Isla de Vis.

En la plaza en frente de su casa se puede apreciar una estatua del dictador diseñada por el escultor Antun Augustinčić en 1948. El resto del museo se compone de una serie de casas de tonos pastel y de granjas dispuestas a lo largo de un pequeño arroyo. En el interior de las viviendas se pueden encontrar figuras que recrean escenas rurales de la época, distribuidas por oficios, por ejemplo, podemos ver la casa del herrero, del tejedor, del juguetero, etc.

**I PARQUE NATURAL DE LONJSKO POLJE
(PARK PRIRODE LONJSKO POLJE)** ★★★

Al sureste de Zagreb, entre Sisak y la frontera con Bosnia, se localiza el Parque Natural de Lonjsko Polje, una región en la que el río Sava inunda las vastas llanuras del condado de Sisačko-Moslavačka formando el terreno pantanoso protegido más grande de Europa, con más de 50.000 ha. En este frágil ecosistema se reproducen en el fango cerca de 550 especies de plantas diferentes, además este espacio natural tiene un gran valor ornitológico, acogiendo dos reservas (Krapje ðol y Rakita) que cuentan con un buen número de aves de pantano como la espátula común, las águilas de cola blanca, las águilas moteadas, diferentes tipos de garza y muchas otras. Sin embargo, las más conocidas son las cigüeñas blancas, que fabrican sus nidos en los tejados de las viviendas del pueblo de Čigoč, que fue nombrado en 1994 pueblo europeo de las cigüeñas por EuroNatur.

Otra localidad dentro del parque es Krapje, donde se localizan numerosas casas de madera tradicionales, algunas con más de 200 años de antigüedad y que están consideradas como patrimonio arquitectónico croata desde 1995.

I MARIJA BISTRICA ★★

Este pequeño pueblo situado al norte de las montañas de Medvednica es el lugar donde se encuentra el Santuario de Santa María de las Nieves (Sv. Marija Snježna), uno de los centros de peregrinación más importantes en Croacia. Aunque desde el siglo XIV existió una iglesia en este lugar, su verdadera historia se remonta al año 1684, cuando se descubre la estatua de una virgen negra que había sido escondida muchos años atrás durante una invasión turca, considerándose el hallazgo como un auténtico milagro.

Información Turística
✉ Krapje 30, Krapje.
☎ 04 467 2080.
🖂 5 €.
🌐 www.pp-lonjsko-polje.hr

Información Turística Condado de Sisačko-Moslavačka
✉ S. i A. Radica 28/II, Sisak.
☎ 04 454 0163.
🌐 www.turizam-smz.hr

Información Turística
✉ Zagrebacka bb.
☎ 04 946 8380.
🚗 Desde Zagreb (35 km), Stubičke Toplice (25 km) y Zlatar (10 km).
🚆 En Zlatar Bristica, a 7 km de Marija Bistrica (desde donde se puede tomar un taxi).
🌐 www.marija-bistrica.hr

UN PASEO EN COCHE

La región de Žumberak

Distancia
125 km

Tiempo
3-5 h (dependiendo
de las paradas)

Punto de Partida
Samobor

Punto de Llegada
Samobor

**Información
Parque Nacional
Žumberak-Samoborsko
gorje**
✉ Slani Dol 1 (5 km al oeste
de Samobor)
☎ 01 33 27 660
🌐 www.park-zumberak.hr

🍴 K Lojzeku
✉ Strossmayerovo trg 12,
Jastrebarsko
☎ 01 628 1129

🍴 Pri staroj vuri
✉ Giznik 2, Samobor
☎ 01 336 0548

▼ Castillo de Ozalj.

Al oeste de Zagreb, entre la frontera eslovena y la ciudad de **Karlovac** se ubica el Parque Nacional de Žumberak-Samoborsko gorje, una agreste región salpicada de montes y colinas que cuenta con todos los ingredientes para realizar una inolvidable excursión en coche. La región está cubierta por densos bosques de hayas y castaños que solo se ven interrumpidos por los caudalosos ríos, los viñedos, los campos de cultivo y los verdes prados que sirven de pasto a las ovejas. Y entre tanta naturaleza tienen cabida aldeas aisladas, habitadas por los llamados griegos católicos que llevan por esta zona desde los siglos XVI y XVII.

La ruta empieza en **Samobor,** ciudad de 35.000 habitantes situada 25 km al oeste de Zagreb, desde donde se toma la carretera hacia Jastrebarsko en el sur. A mitad de camino se pasa por Rude, donde la carretera asciende entre densos bosques, para luego descender ofreciendo unas vistas espectaculares de los viñedos de Plešivica, donde se puede parar a comprar alguna botella del prestigioso vino local. Continuamos hasta **Jastrebasko,** una histórica ciudad que cuenta con un castillo del siglo XV. Dejamos atrás esta ciudad y conducimos unos 20 km dirección Karlovac, aunque poco antes de llegar a esta localidad nos desviamos a la derecha tomando la carretera 505 que lleva hasta Ozalj.

El principal atractivo de **Ozalj** es su castillo, situado a orillas del río Kupa en un paraje espectacular. Continuando la carretera 505 llegamos a **Krašić,** que se ha convertido en un importante centro de peregrinación al tratarse del lugar donde nació y pasó sus últimos días el Cardenal Alojzije Stepinac, un importante religioso croata que fue beatificado por el papa Juan Pablo II.

Pasado Krašić nos desviamos a la derecha por una carretera secundaria para visitar **Pribić,** una importante localidad para la cultura greco-católica. Continuamos hasta el pueblo de Strmac Pribićki, donde volvemos a coger la carretera 505, para continuar unos 50 km a través de los salvajes paisajes de Žumberak hasta Bregana, ciudad que hace frontera con Eslovenia, desde donde descenderemos hasta Samobor, final de ruta.

▲ Iglesia de Pedro y San Pablo, en Osijek.

La iglesia actual fue construida en 1883 por el arquitecto Hermann Bollé, que también trabajó en las obras de la Catedral de Zagreb. El día más importante para este lugar santo fue el 3 de octubre de 1998, ya que se produjo la visita del Papa Juan Pablo II a Marija Bistrica con el objeto de proclamar al nuevo Arzobispo de Zagreb y beatificar a Alojzije Stepinac, una de las más importantes personalidades religiosas del país.

| OSIJEK ★★

Con sus más de 100.000 habitantes, se trata del centro económico, cultural y el eje de comunicaciones más importante de la región oriental de Croacia. La ciudad se asienta en la orilla sur del río Sava, y se divide en Ciudad Alta (Gornji grad), compuesta por refinados edificios de fin de siglo construidos por los austriacos, y la Ciudad Baja (Donji grad), carente de interés turístico ya que se compone de bloques residenciales. Sin embargo, su verdadero atractivo es el Tvrða, una ciudad fortaleza construida por los austriacos en el siglo XVIII sobre un castillo otomano.

El Tvrða se localiza 2 km al este del centro urbano, y es el único complejo histórico que ha sido propuesto para ser nombrado Patrimonio de la Humanidad.

Información Turística
✉ Zupanijska, 2.
☎ 03 120 3755.
🚌 Bus y tren desde Zagreb.
🌐 www.tzosijek.hr

Información Turística
- ✉ Trg Kralja Tomislava, 5.
- ☎ 01 336 0044.
- 🚌 Bus desde Zagreb.
- 🌐 www.tz-samobor.hr

Información Turística
- ✉ Trg Pobjede 28/1.
- ☎ 03 544 7721.
- 🚌 Bus y tren desde Zagreb y Osijek.
- 🌐 www.tzgsb.hr

- ☎ 042 79 6422.
- 🕐 Verano 9 h-18 h. Invierno: 9 h-16 h.
- 💶 4 €.
- 🚌 Bus desde Varaždin.
- 🌐 www.trakoscan.hr

I SAMOBOR ✶✶

Situada 25 km al oeste de Zagreb, la localidad de Samobor está considerada por los croatas como un claro ejemplo de ciudad próspera. Sus impecables casas de tonos pastel, sus calles limpias y ordenadas, y el bucólico paisaje que rodea la ciudad, explican a la perfección lo que es esta metrópoli. Para conocer algo más sobre Samobor conviene visitar el Museo de la Ciudad, emplazado en el Palacio Livadić del siglo XVIII. Es imprescindible visitar la Iglesia de St. Anastasia y la plaza principal, que cuenta con unos cuantos restaurantes con terraza, ideales para disfrutar de la comida de una de las consideradas capitales gastronómicas de Croacia.

I SLAVONSKI BROD ✶

Situada a orillas del río Sava, Slavonski Brod es la segunda ciudad más grande de la región de Eslavonia, con cerca de 65.000 habitantes. La historia de la ciudad gira en torno a su fortaleza del siglo XVIII (Brodska tvrđava), construida para defenderse del avance del Imperio Otomano que había alcanzado la orilla opuesta del Sava, lo que es Bosnia.

Esta fortaleza sufrió un duro ataque durante la Guerra de los Balcanes y ha tenido que ser reconstruida. Otros puntos de interés de la ciudad son su Monasterio Franciscano del siglo XVIII y el Museo Regional de Brod-Posavlje.

I TRAKOŠĆAN ✶✶✶

En el condado de Varaždin, pegado a la frontera con Eslovenia se levanta uno de los monumentos más visitados de la región central de Croacia: el Castillo de Trakošćan. Fue construido en el siglo XIII con el propósito de supervisar el tráfico del camino entre

Ptuj (actual Eslovenia) y el valle del Bednja, aunque su aspecto actual se debe a una reconstrucción hecha en el siglo XIX por la familia Drašković, propietarios desde 1568 del castillo.

En 1952, las cuatro plantas del castillo se transformaron en un museo en el que se exhiben diferentes objetos como muebles, armas, vestimentas, grabados y una serie de retratos de la familia Drašković que están comprendidos entre los siglos XV y XIX. A los pies de la colina donde se alza el castillo hay un bonito lago en el que se puede pasear, tomar un café e incluso alquilar una barca a pedales.

I VARAŽDIN (▶23) ★★★

I VELIKI TABOR ★★
En el pueblo de Desinić, al norte de la agreste región de Zagorje, se alza sobre una colina el Castillo de Veliki Tabor, uno de los más famosos y mejor conservados de Croacia. Fue propiedad real en el siglo XIV, en tiempos del rey Matías Corvinus I, razón que justifica su imponente aspecto. El castillo en sí se compone de cuatro torres semicirculares que conforman prácticamente el cuerpo del edificio, presenta una estructura pentagonal y se compone de dos plantas. En octubre se suelen celebrar en este lugar torneos de cetrería.

I VUKOVAR ★★★
Esta ciudad, que en su momento fue conocida por sus iglesias, sus museos, sus galerías de arte y sus elegantes edificios del siglo XVIII, hoy es el símbolo más evidente del daño que causó la guerra en la región de Eslavonia. Vukovar sufrió un mayor castigo que otras ciudades debido principalmente a dos motivos: su proximidad con la frontera serbia, y la mezcla étnica

▲ Castillo de Trakošćan.

Información Turística
✉ Trg Sv. Jurja 7, Desinić.
☎ 04 934 3970.
🕐 9 h-18 h.
💶 5 €.
🚌 Bus desde Zagreb a Desinič, y desde aquí 3 km andando hasta el castillo.
🌐 www.veliki-tabor.hr

Información Turística
✉ J. J. Strossmayera, 15.
☎ 03 244 2889.
🚌 Bus desde Osijek.
🌐 www.turizamvukovar.hr

◀ Fortaleza de Slavonski Brod.

▲ Panorámica de Marija Bistrica.

de su población (44% eran croatas y 37% serbios). Estos factores provocaron que en abril de 1991 los serbios comenzasen un brutal asedio a la ciudad que duró varios meses y que sesgó la vida de unas 2.000 personas (principalmente soldados croatas y civiles), así como la desaparición de otras 2.000 personas que se han ido recuperando de fosas comunes.

Actualmente Vukovar es el principal puerto fluvial del país, puesto que se localiza a orillas del Danubio, y junto a la desembocadura del río Vuka, que da nombre a la ciudad. Sin el esplendor de antaño, su visita se justifica en observar viejos edificios tiroteados y derruidos que dejan patente las consecuencias de la guerra en Croacia, unas secuelas difíciles de encontrar visitando la costa dálmata o Istria.

▌ ZAGORJE ⭐⭐⭐

Encajonada entre el norte de Zagreb, Varaždin y la frontera con Eslovenia se localiza esta región, la más atractiva del interior de Croacia. Zagorje se caracteriza por sus bucólicos paisajes compuestos por pequeñas colinas boscosas coronadas por castillos, sus infinitos viñedos y sus reducidas aldeas campesinas en las que corretean a sus anchas pollos, gansos y pavos.

La mejor forma de recorrer la región es en coche, dejándose sorprender pero sin obviar sus principales atractivos como el museo etnográfico al aire libre de Kumrovec (▶52), la iglesia de peregrinación de Marija Bistrica (▶53), y los castillos de Veliki Tabor (▶57) y Trakošćan (▶56).

Información Turística
✉ Zagrebacka 6, Krapinske Toplice.
☎ 04 923 3653.
🌐 https://visitzagorje.hr/en/

LO QUE HAY QUE SABER

20 playas

Sur de la costa dálmata

✓ **Zlatni Rat**, el llamado cuerno de oro es la playa más famosa y espectacular de toda Croacia. Está cerca de Bol, en la isla de Brač.

✓ **Makarska**, entre Brela y Gradac se extiende la Rivera de Makarska, que cuenta con un buen número de playas de guijarros aprisionados contra el mar por las espectaculares montañas de Biokovo.

✓ **Pakleni**, frente a la ciudad de Hvar se encuentra este pequeño conjunto de playas solitarias, muchas de ellas naturistas.

✓ **Banje**, es la playa más famosa de Dubrovnik. Está cerca de la entrada a la ciudad vieja por Ploče.

✓ **Bačvice**, es la playa más importante de Split. Famosa por acoger los Campeonatos del Mundo de Picigin, un juego de pelota muy popular en las playas croatas.

Norte de la Costa Dalmáta

✓ **Zaton**, playa arenosa, larga y amplia. Está en Zaton, a 16 km de Zadar y muy próximo a Nin.

✓ **Soline**, esta pequeña cala rodeada de pinos es la mejor playa de Biograd na Moru, una localidad 30 km al sur de Zadar.

✓ **Zrće**, es la playa más atractiva de Novalja, la población más importante de la isla de Pag.

✓ **Slanica**, playa de arena en la isla de Murter.

✓ **Bibinje**, pequeña ciudad portuaria situada a tan solo 6 km de Zadar que cuenta con muy buenas playas.

Bahía de Kvarner

✓ **Stara Baška**, esta hermosa playa de guijarros está al suroeste de la isla de Krk, a unos 10 km de Punat.

✓ **Rajska plaza** (Paradise Beach), esta playa familiar de más de 2 km, se encuentra en Lopar, en el norte de la isla de Rab.

✓ **Veli Žal**, está en la isla de Lošinj, frente al Hotel Aurora a menos de un km de Mali Lošinj.

✓ **Mošćenička Draga**, 15 km al sur de Opatija, se encuentra esta población costera que cuenta con dos impresionantes playas.

✓ **Crikvenica**, la playa principal de esta ciudad es de arena y grava y tiene 1,5 km de longitud. Además, los 8 km de la Riviera Crikvenica cuentan con más playas de interés.

Istria

✓ **Bijeca**, es ideal para ir en familia, se localiza en Medulin al sur de la Península de Istria.

✓ **Maslinica**, esta playa de piedras es la mejor de Rabac.

✓ **Oliva**, se localiza en la isla de Sveti Nikola, frente a la ciudad de Poreč, y muy cerca del Hotel Fortuna. Cuenta con una especie de piscina artificial circular de agua marina.

✓ **Katoro y Polynesia**, estas dos playas están al noroeste de Istria en la ciudad de Umag. Rodeadas de pinos, son una mezcla de arena, guijarros y rocas.

✓ **Koversada**, situada en la isla homónima frente a las costas de Vrsar, es una de las playas naturistas más prestigiosas de toda Europa.

10 islas

✓ **Hvar**, su popularidad está justificada con la visita a las ciudades de Hvar y Stari Grad.

✓ **Korčula**, su capital es una versión reducida de Dubrovnik.

✓ **Mljet**, naturaleza virgen en estado puro.

✓ **Brač**, cargada de atractivos como la singular playa de Zlatni Rat.

✓ **Dugi Otok,** es la isla más grande y hermosa del archipiélago de Zadar.

✓ **Rab,** excelentes playas de arena, y una atractiva capital dominada por cuatro campanarios románicos.

✓ **Vis,** su lejanía de la costa la convierte en un destino muy tranquilo, ideal para disfrutar de la gastronomía local en sus *konobas*.

✓ **Pag,** cuenta con las mejores fiestas en la playa, siendo el único lugar en Croacia con clubs abiertos las 24 horas.

✓ **Cres y Lošinj,** las islas de mayor interés de la bahía de Kvarner.

▎10 lugares culturales

✓ **Palacio de Diocleciano** (Dioklecijanove Palače), Split.

✓ **Ciudad Amurallada,** Dubrovnik.

✓ **Basílica de Eufrasio** (Eufrazijeva bazilika), Poreč.

✓ **Iglesia de San Donato** (Crkva Sv. Donata), Zadar.

✓ **Campanarios de la ciudad de Rab,** Isla de Rab.

✓ **Anfiteatro Romano,** Pula

✓ **Catedral de Santiago** (Katedrala Sv. Jakova), Šibenik.

✓ **Stari Grad,** Islas de Hvar.

✓ **Ciudad Vieja,** Rovinj.

✓ **Paseo Marítimo** (Lungomare), Opatija.

▎10 lugares para disfrutar de la naturaleza

✓ **Arboretum Trsteno,** jardín botánico con más de 500 años de antigüedad.

✓ **Limski Kanal,** fiordo de unos 10 km con acantilados que alcanzan los 150 m.

✓ **Islas Elafiti,** prácticamente deshabitadas, tienen impresionantes paisajes.

✓ **Lagos de Plitvice,** el Parque Nacional más importante del país y Patrimonio Natural para la UNESCO.

✓ **Islas Kornati,** ideales para sentirse como Robinson Crusoe en una de sus cabañas sin electricidad ni agua corriente.

✓ **Islas Brijuni,** Parque Nacional que fue durante muchos años lugar de vacaciones de Tito.

✓ **Paklenica,** Parque Nacional para los amantes del senderismo y la escalada.

✓ **Río Neretva,** cuenta con el cañón de río más grande de Croacia.

✓ **Krka,** interesantes contrastes paisajísticos en la isla más grande del Adriático.

✓ **Mljet,** Parque Nacional situado en la isla homónima con lagos interiores, pinares y playas de guijarros.

▎7 productos para regalar

✓ **Kulen,** salami típico de Eslavonia.

✓ **Trufas** de Istria.

✓ **Corbatas** de seda.

✓ **Paški sir,** queso de Pag.

✓ **Lavanda** de Hvar.

✓ **Vino** de Eslavonia.

✓ **Maraschino,** licor de cerezas típico de Zadar.

▎11 actividades deportivas

✓ **Senderismo,** en el camino de Premužić en Velebit.

✓ **Escalada,** en el Anića kuk, un macizo rocoso de 350 m de altura en el Parque Nacional de Paklenica.

✓ **Mountain Bike,** en el Parque Nacional de los Lagos de Plitvice.

✓ **Parapente,** en el monte Učka y Čićarija en Istria.

✓ **Buceo,** en las bellas y transparentes aguas del Adriático.

✓ **Espeleología,** en alguna de las más de 8.500 cuevas y fosas de Croacia.

✓ **Rafting,** en los ríos Kupa, Dobra, Una, Korana y Mrežnica.

✓ **Equitación,** en los salvajes paisajes de Žumberak.

✓ **Kayak,** por los bravos ríos croatas.

✓ **Picigin,** juego de pelota local que se juega en la playa.

✓ **Vela,** entre las numerosas islas del Adriático. Se pueden alquilar embarcaciones en los clubs náuticos de la costa.

Istria y Kvarner

Si por algo se caracterizan estas dos regiones del noroeste de Croacia es por su heterogeneidad. Mientras que la costa occidental de Istria deja al descubierto todo su potencial turístico y su pasado griego y veneciano en ciudades como Pula, Rovinj, Poreč, Vrsar y Umag; en el interior se respira un aire más provinciano, que recuerda mucho a la región de Toscana, algo que se refleja en las ciudades medievales de las colinas de Istria como Motovun, Buzet, Grožnjan, o la ciudad más pequeña del mundo, Hum. La región de Kvarner se extiende desde los montes Ucka, hasta aproximadamente el Parque Nacional de Paklenica, formando un gran golfo que acoge las islas de Cres y Krk. Asimismo cuenta con un interior agreste con grandes paisajes montañosos como los que hay en Gorski, Kotar y Lika.

LO QUE HAY QUE VER EN ISTRIA Y KVARNER

▮ PARQUE NACIONAL DE LAS ISLAS BRIJUNI (NACIONALNI PARK ISLAS BRIJUNI) ★★★

El Parque Nacional de las Islas Brijuni se compone de 14 islas, dos de las cuales son considerablemente más grandes que el resto, se trata de Veliki Brijun y Mali Brijun. La hermosa Veliki Brijun debe gran parte de su fama al hecho de que fue en ella donde el líder yugoslavo Tito estableció su residencia de verano durante la década de los 70, convirtiendo al archipiélago en un lugar cargado de *glamour* por el que pasaron famosos de la talla de Richard Burton, Elizabeth Taylor o Sofía Loren.

El modo más sencillo de llegar hasta las islas es desde Fažana, a 7 km de Pula, donde se coge un ferry que en un cuarto de hora cruza los 3 km que separan la península del archipiélago. Entre los atractivos culturales de esta isla se encuentra una fortaleza bizantina y una villa romana del siglo I. Asimismo, cuenta con el campo de golf más antiguo de Croacia, y con un Safari Park, que se compone de todo tipo de animales exóticos que el mariscal Tito fue coleccionando de los regalos que los líderes extranjeros le hacían en sus visitas. El mejor modo de explorar las islas es alquilando una bicicleta o mediante los carritos eléctricos que se usan en los partidos de golf.

▮ BUZET ★★

Localizada en la parte más al norte de Istria interior, muy cerca de la frontera con Eslovenia, se trata de la población más importante de las llamadas ciudades de las colinas. Aunque no es tan atractiva como sus vecinas Motovun o Grožnjan, es el lugar ideal para establecer el campamento base para recorrer la región, ya que dispone de mucha más oferta hotelera y de restauración que sus vecinas.

Parque Nacional de las Islas Brijuni
☎ 052 525 888.
⚓ Ferry desde Fažana.
🖱 www.np-brijuni.hr

Ferry Fažana-Brijuni
✉ Brijunska 10, Fažana.
☎ 05 252 5888.
⚓ Ferris diarios desde Fažana (duración: 15 minutos). En primavera y verano la frecuencia es muy alta, en los meses de febrero y diciembre solo hay tres barcos diarios, y en enero no hay servicio.

◀ Robijn.

▼ Parque Nacional de las Islas Brijuni.

Información Turística
✉ Šetalište Vladimira Gortana, 9.
☎ 05 266 2343.
🚌 Bus desde Pula, Rovinj y Poreč.
🖱 www.buzet.hr

Pueblos amurallados de las colinas de Istria

Distancia
70 km

Tiempo
2-4 horas (dependiendo de las paradas)

Punto de Partida
Buzet

Punto de Llegada
Buzet

Información
✉ Trg Andrea Antico, 1
☎ 052 681 726
🖱 www.tz-motovun.hr

🛏 Kaštel
✉ Trg Andrea Antico 7, Motovun
☎ 05 268 1607

🛏 Fontana
✉ Jurine i Franine 6, Pazin
☎ 05 262 2950

▼ Motovun.

❙ Casi todos los pueblos del interior de Istria cuentan con dos características comunes: se ubican en lo alto de una colina y están amurallados. Los istri, una tribu descendente de los ilirios, fueron los primeros en construir estas murallas defensivas. Se han contabilizado un total de 136 ciudades amuralladas en Istria, muchas abandonadas, pero que evidencian la existencia de núcleos urbanos desde el año 1000 a.C.

El siguiente recorrido es uno de los muchos que se pueden realizar para conocer mejor una región que guarda más parecido con el norte de Italia que con la propia Croacia.

❙ El recorrido comienza en **Buzet** (Pinguente), una interesante localidad que conserva parte de sus murallas de la época veneciana (s. xv), así como dos puertas de acceso a la ciudad, y que hoy en día es famosa por sus excelentes trufas. Desde aquí se toma la carretera 44 con dirección Buje. Tras 18 km se ha de tomar el desvío a la izquierda destino Motovun.

En la ciudad de **Motovun** (Montona) se puede hacer una parada, ya que es quizá el pueblo más famoso de entre las denominadas ciudades de las colinas de Istria. El encanto medieval que emanan sus empinadas calles es único en la región.

❙ Desde Motovun se continúa hacia el sur dirección Pazin (Pisino). Al llegar a un cruce se ha de girar a la izquierda tomando la carretera 48 que lleva hasta **Pazin**. Merece la pena hacer una breve parada en la ciudad para visitar su fortaleza medieval en cuyo interior se haya el Museo Etnográfico de la localidad.

Se ha de abandonar Motovun por el centro de la ciudad, siguiendo las señales que indican Rijeka y Túnel de Učka por la carretera 5013 (hay que estar al tanto de no meterse en la autopista A8). Tras 8 km se llega a **Cerovlje** (Cerreto), y en este giraremos a la izquierda para coger la vieja carretera que lleva hasta Buzet.

❙ A mitad de camino se localiza **Draguć** (Draguccio), un diminuto pueblo ubicado en una estrecha colina, y donde se encuentra la Iglesia de San Roque del siglo xiv y unas murallas del siglo xv. Continuamos por la misma carretera a través de un bello paisaje montañoso hasta llegar a Buzet, final de la ruta.

PENÍNSULA DE ISTRIA

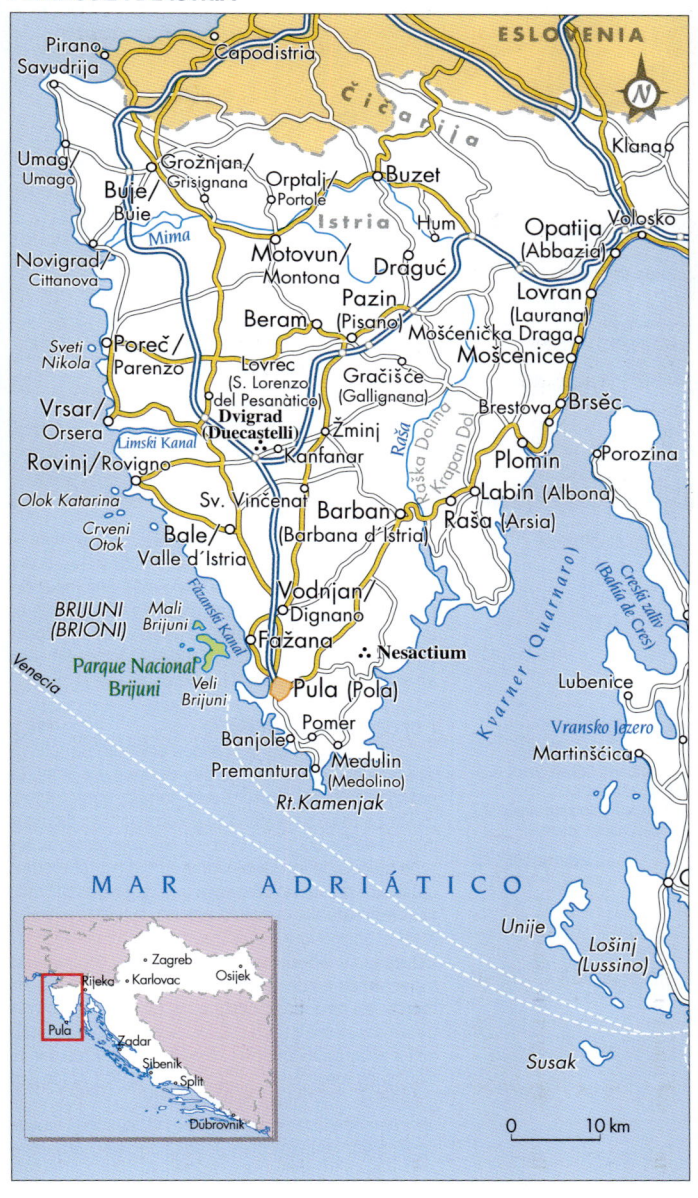

▲ Calle de Grožnjan.

La ciudad cuenta con un centro histórico que data de la Edad Media y que se extiende en lo alto de una colina sobre el fértil valle del Mirna, el río más largo de Istria. Es conocida como la "ciudad de las trufas", ya que en los bosques próximos abunda este preciado tubérculo, típico de toda la región y que cada otoño se convierte en una importante fuente de ingresos para la ciudad.

Información Turística
✉ Umberto Gorjan, 3.
☎ 05 277 6131.
🌐 https://coloursofistria.com/destinacije/groznja

▌ GROŽNJAN (GRISIGNANA) ***

En lo alto de una de las colinas del valle del Mirna, se ubica esta pequeña, pero encantadora ciudad. La historia de Grožnjan resulta muy curiosa, puesto que la mayor parte de sus viviendas fueron abandonadas en la década de los 60. Cuando la ciudad parecía morir, los propietarios de las casas donaron estas a diferentes músicos y artistas locales para que las utilizasen como talleres y estudios. Desde entonces, cuando comienza el mes de mayo y hasta que finaliza el verano, las estrechas y laberínticas callejuelas de Grožnjan se transforman en un escenario al aire libre en el que la música en directo no cesa, y los talleres de teatro y danza abren sus puertas. Es la ciudad por excelencia de los artistas bohemios. Culturalmente no son demasiados los atractivos, se puede visitar alguna de sus galerías de arte, una logia renacentista, o simplemente observar desde las alturas todo el valle, con la ciudad de Motovun en una colina situada hacia el suroeste y el Monte Učko como telón de fondo.

▲ Pintoresca calle de Hum.

▎HUM ★★

A pesar de tratarse de la ciudad más pequeña del mundo, según sus habitantes, Hum, un pueblecito de tan solo 20 habitantes es uno de los rincones más pintorescos de Croacia. Su fama se debe a que es el punto de partida del llamado Callejón Glagolítico, denominación que se le da a los 10 km de carretera que unen Hum con Roč, en los que se encuentran once piezas escultóricas que explican cómo se produjo la difusión de la escritura glagolítica.

El pueblo tiene apenas dos calles empedradas, aunque puede presumir de tener una iglesia del siglo XII (San Jerónimo) y un cementerio en el que se conservan pinturas murales de influencia bizantina de los siglos XII y XIII.

▎KRK ★

Se trata de la isla más grande del Adriático con una extensión de 409 km². Se puede acceder a ella por tierra mediante un puente de peaje que se construyó con el fin de agilizar el transporte de los usuarios del Aeropuerto Internacional de Rijeka (localizado en la propia isla). Presenta contrastes, la costa este está pelada por el viento y su aspecto es un tanto fantasmagórico, mientras que el interior y la costa oeste presentan un paisaje mucho más rico, con una exuberante vegetación. Los núcleos urbanos más destacados son Krk ciudad, un antiguo asentamiento romano que todavía hoy conserva parte de las murallas, y Baška,

> **¿Sabías que...?**
>
> El glagolítico es un alfabeto único y exclusivo del pueblo croata. No se tiene constancia real de su origen, pero se sabe que es anterior al siglo IX, y que fue usado junto con el latino hasta el siglo XVIII. La carretera que une Roč y Hum es conocida como "Avenida Glagolítica"; es un buen lugar para conocer más sobre esta grafía.

Información Turística
✉ Trg sv. Kivirina, 1.
☎ 05 122 1359.
🚌 Bus desde Rijeka.
🖥 www.krk.hr

▲ Vista del pueblo de Vrbnik, en la de la isla de Krk.

• • • • • • • • •
Información Turística
✉ Riva lošinjskih kapetana, 29.
☎ 05 123 1547.
⛴ Ferris desde Pula y Zadar.

▲ Isla de Lošinj en la bahía de Kvarner.

en el extremo sur de la isla y que está rodeada por las montañas Velebit. El principal atractivo de Baška es su playa, una de las más bellas de toda Croacia. Al lado de Krk se encuentra la isla de Cres, la segunda más grande del Adriático, cuyo interés turístico se centra en algunos pueblecitos como Cres, Osor, Martinšćica y Valun.

ISLA DE LOŠINJ

La isla de Lošinj, al sur de la bahía de Kvarner, está unida a la isla de Cres por un canal artificial de 11 m. En el pasado eran una sola isla, en la actualidad están unidas por un puente. El Emperador Francisco José encontró en la isla de Lošinj el refugio para sus escarceos. Entre colinas copadas de pinos, plantas aromáticas y playas de agua color turquesa de cantos rodados, mandó edificar una bella mansión para su amante. No se sabe realmente si era un regalo para ella o para él. Ajenos a los devaneos del soberano, el paso del tiempo parece discurrir lentamente en las localidades de Mali y Veli Lošinj. Los efectos de la mar son visibles en las desvencijadas fachadas de colores de los edificios que se suceden en sus respectivos muelles. Como gotas de agua, las tiendas de recuerdos *made in* cualquier lugar menos en el que se está, salpican las calles y entretienen a los turistas. Esta isla, conocida como la de la "Vitalidad", regala a los sentidos del olfato y del gusto una serie de platos preparados con ingredientes de la tierra dignos de la dieta mediterránea; pescados y mariscos, setas, frutos del bosque y quesos. El pan recién hecho y el aceite son unos excelentes teloneros al ágape.

▌ LABIN (ALBONA) ★★

En el extremo oriental de la Península de Istria, a tan solo 3 km de la costa, se extiende en lo alto de una colina la ciudad medieval de Labin, famosa hoy en día por sus numerosas galerías y sus prolíficos artistas. El lugar más emblemático de la población es su plaza central, donde se ubica una logia veneciana perfectamente conservada, y la Puerta de St. Flora (siglo XVI), entrada original de la ciudad. La visita al Museo Nacional de Labin es fundamental para entender la importancia que tuvieron las minas de carbón en la historia de la villa, y comprender por qué los mineros declararon la "República de Labin".

Información Turística
- ✉ Aldo Negri, 20.
- ☎ 385 (52) 85 2399.
- 🚌 Bus desde Pula y Rijeka.
- 🌐 www.rabac-labin.com

Museo Nacional de Labin
- ✉ Ul. 1. maja, 6.
- ☎ 05 285 2477.
- 🕐 May.: 10 h-14 h. Jun-sept.:10 h-13 h y 17 h-20 h. Jul-agost.: 10 h-13 h y 18 h-22 h. D: cerrado.

▌ OPATIJA ★★★

En 1845 un noble de Rijeka llamado Iginio Scarpa construyó la Grand Villa Angiolina en Opatija, una residencia de recreo rodeada por un gran jardín que se iba a convertir en el primer hotel de la ciudad. Al poco tiempo la Emperatriz austriaca Ana María de Cerdeña pasó aquí unos días, llevándose una grata impresión, lo que provocó que Opatija se convirtiera en el lugar de recreo preferido por los nobles centroeuropeos de finales del siglo XIX a principios del XX. Florecieron los casinos, las villas, los salones de baile, los jardines y los parques.

Hoy en día la ciudad ha perdido esa importancia que tuvo, aunque conserva las villas y los hoteles *fin de siècle,* y es muy conocida por el Lungomare (▶70), un hermoso paseo marítimo de 12 km que se extiende entre Icici y Lovran.

Información Turística
- ✉ Vladimira Nazora, 3.
- ☎ 05 127 1710.
- 🚌 Bus desde Pula y Rijeka.
- 🌐 www.opatija-tourism.hr

Bahía de Kvarner

Los miembros de la Casa Lannister no son la única familia de sangre azul que ha encontrado en Croacia su residencia. A finales del siglo XIX y principios del XX la monarquía Austro-Húngara veraneaba en la localidad de Opatija, localidad situada en la bahía de Kvarner. Con ellos viajaban nobles, burgueses, médicos, artistas y bohemios, configurando un séquito de lo más variopinto que convirtió el lugar en la "Niza austríaca". A día de hoy, el recuerdo de esos años dorados de opulencia y turismo de guante blanco y paraguas, se aprecia en los diferentes edificios que salpican el paseo marítimo a orillas del Mar Adriático. En la playa de Angiolina sigue a día de hoy el Hotel Kvarner, el más antiguo de la costa oriental, construido en el año 1884. Junto a él se puede pasear por el Parque de Angiolina, el cual alberga en su interior más de 150 especies de plantas de todo el mundo. Resulta curioso visitar la Iglesia de San Jaime, levantada por los Benedictinos en el año 1420. Esta construcción fue el origen de Opatija, que en croata significa abadía.

El Lungomare

▲ Fachada del famoso hotel Kvarner.

▼ Lungomare.

Distancia
4-8 km (según el sentido del recorrido)

Tiempo
1,5 h

Punto de Partida
Opatija

Punto de Llegada
Lovran o Volosko

Información
✉ V. Nazora 3, Opatija
☎ 05 127 1710

🏠 Bevanda
✉ Zert 8, Opatija
☎ 05 171 2772

❚ El Lungomare (paseo marítimo en italiano) es uno de los paseos más románticos de todo el país. Se comenzó a construir a finales del siglo XVIII, en la época de los Habsburgo, y el trabajo se llevó a cabo en distintas fases siendo terminada la última de ellas en torno a 1911. La inauguración en 1882 de la línea férrea Ljubljana-Rijeka y la creación de los primeros hoteles (Kvarner, Krönprinzessin Stephanie y Palace-Bellevue) convirtieron a Opatija en uno de los balnearios turísticos más importantes de Europa. El Lungomare se creó como una forma más de promocionar la ciudad, y su longitud total es de 12 km, que van desde Lovran, al sur, hasta Volosko, al norte.

Comenzamos el recorrido desde **Opatija,** donde nos situamos frente al mar en el paseo marítimo, y comenzamos a caminar dirección norte hacia Volosko, dejando atrás lugares emblemáticos como el Hotel Kvarner, primer alojamiento de la ciudad; y la Villa Angiolina, la primera gran mansión de la ciudad que data de mediados del siglo XVIII y que actualmente acoge un museo sobre el turismo en Opatija.

❚ Tras recorrer 4 km llegamos a **Volosko,** un pequeño pueblo pesquero que ha sido prácticamente barrido por la expansión urbanística de Opatija y que ya se ha convertido en un suburbio de la ciudad. Aunque no cuenta con importantes atractivos turísticos, sí que es un buen lugar para pasear y comer en alguno de sus restaurantes del puerto pesquero.

La segunda alternativa de recorrido es seguir el Lungomare en dirección sur caminando 8 km hasta Lovran. El recorrido es muy agradable, ya que se avanza entre bosques y palmerales, dejando atrás majestuosas villas decimonónicas rodeadas de elegantes jardines.

❚ Abandonamos Opatija y, después de recorrer 3 km, llegamos a **Ičići,** pequeño complejo turístico que cuenta con un puerto deportivo y una playa de gravilla. Avanzando apenas un kilómetro se alcanza **Ika,** donde se puede hacer una parada para comer en el restaurante que hay junto a la playa. Finalmente llegamos a **Lovran,** que cuenta con algunas villas estilo Belle Époque.

❙ PAZIN (PISINO) ✱

A pesar de no tratarse de la mayor ciudad de Istria (apenas suma 10.000 habitantes), su posición estratégica en el centro de la península le ha valido el ser considerada la capital administrativa del condado desde el siglo XIX. La visita a Pazin está justificada, puesto que cuenta con una fortaleza de comienzos de la Edad Media emplazada sobre un acantilado de 130 m, bajo el cual fluye el río Pazin, formando lo que se conoce como el Foso de Pazin, un paisaje espectacular y único declarado espacio protegido en 1964.

En este castillo se dice que se inspiró Julio Verne (1828-1905) para su novela *Matías Sandorf* (el protagonista se libra de estar prisionero tirándose al foso), con esta excusa todos los años a finales de junio se organizan distintas actividades en torno al escritor francés.

En el mismo castillo se encuentra el Museo Etnográfico de Istria, para muchos considerado como el museo más atractivo de todo el condado, que acoge una amplia colección de trajes típicos de la península.

Información Turística
- ✉ Franine i Jurine, 14.
- ☎ 05 262 2460.
- 🚆 Tren desde Pula y Trieste (Italia), y bus desde Pula, Rovinj y Poreč.
- 🌐 https://central-istria.com/en/destinations/pazin

▼ Poreč.

❙ POREČ (PARENZO) ✱✱✱

Situada en el centro de la costa occidental de la Península de Istria, la localidad de Poreč es el destino turístico más importante de toda Croacia. La ciudad cuenta con un buen número de hoteles, campings, complejos turísticos, y numerosas playas, entre las que destacan, Ulika, Funtana y la Ensenada de Bijela, además su vida nocturna es muy excitante. Sin em-

Información Turística
- ✉ Zagrebačka, 9.
- ☎ 05 245 1293/458.
- 🚌 Bus desde Pula, Rovinj y Vrsar.
- 🌐 www.myporec.com

Basílica de Eufrasio
- ✉ Eufrazijeva.
- 🕐 Verano: 7:30 h-20 h.

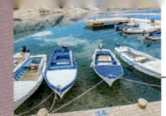

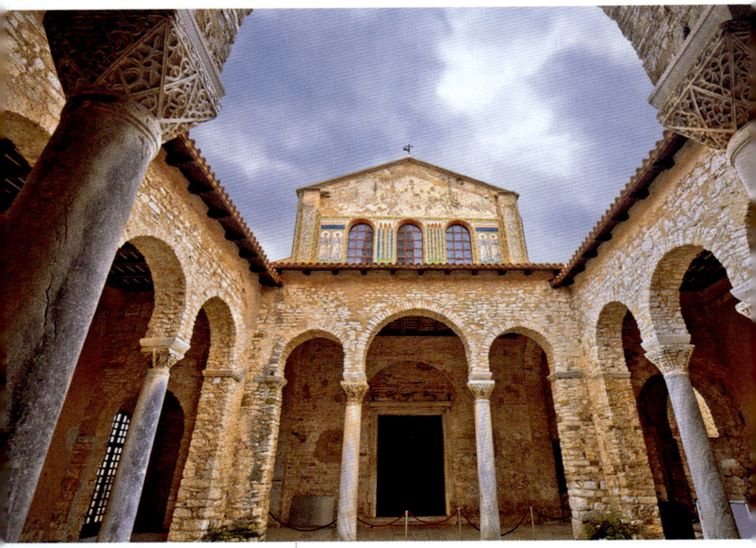

▲ Basílica de Eufrasio, en Poreč.

bargo, esta fuerte actividad turística no impide que cuente con uno de los patrimonios culturales más ricos de todo el país.

El casco viejo de la ciudad se asienta sobre una pequeña lengua de tierra que sobresale hacia el mar formando una bahía protegida por la isla de Sveti Nikola (San Nicolás), y es precisamente en este casco viejo donde se concentran todos los monumentos históricos que desde la época romana han dejado testimonio de la evolución de una ciudad con más de 2.000 años de historia. De entre todo su patrimonio destaca sobremanera la Basílica de Eufrasio (Eufrazijeva bazilika), que fue incluida en la lista del Patrimonio de la Humanidad por la UNESCO en 1997, siendo el único monumento de Istria que por el momento goza de este honor.

La basílica fue construida en el siglo VI sobre los restos de una más antigua, y toma su nombre del obispo del momento. Es su fecha de construcción la que le da un valor patrimonial tan alto, ya que apenas se conservan templos de la época del cristianismo temprano. Su estilo bizantino no es evidente desde el exterior, ya que la basílica se funde con otros edificios del casco antiguo. No obstante, sí es apreciable en su interior, especialmente en los mosaicos de su altar, en los que se reflejan claramente las influencias de Bizancio.

¿Sabías que...?

El novelista irlandés James Joyce (1882-1941) llegó a Pula en marzo de 1905 con la intención de buscar un trabajo y acabó como profesor de inglés en la mítica Academia Berlitz. Aquí impartió clase a los oficiales del Imperio Austrohúngaro que trabajaban en la base naval. Hoy en día, se recuerda al escritor con una escultura instalada en el antiguo emplazamiento de la academia, junto al Arco de Sergi.

I PULA (POLA) **

La motivación principal por la que los visitantes se acercan a Pula es para visitar su anfiteatro romano, pero no se debe obviar toda una serie de monumentos pertenecientes al periodo romano con los que cuenta la localidad más grande de Istria. En el centro de la misma se encuentra el Arco de Sergi, del siglo I a.C., y no muy lejos de allí se localiza el Templo de Augusto del siglo I d.C., que se sitúa en uno de los extremos de una agradable plaza construida sobre el antiguo foro. Pula cuenta además con el Museo Arqueológico de Istria, uno de los de mayor relevancia por la gran cantidad de materiales que atesora desde la Prehistoria hasta la Edad Media.

Información Turística
✉ Forum, 3.
☎ 05 221 9197.
🖱 www.pulainfo.hr

I ANFITEATRO ROMANO DE PULA (▶28)

I RAB **

A pesar de tratarse de la isla más pequeña del Golfo de Kvarner, Rab es probablemente la más atractiva de todas ellas. Su paisaje está lleno de contrastes, mientras que la parte este presenta un panorama rocoso y muy escarpado, el oeste es fértil y cuenta con algunas calas

Información Turística
✉ Trg Municipium Arba, 8.
☎ 05 172 4064.
⛴ Ferry desde Rijeka, Senj, Pag y Zadar.
🖱 www.rab-visit.com

PLANO DE PULA

▲ Templo de Augusto, en Pula.

Información Turística
✉ Užarska, 14.
☎ 05 131 5710.
🚌 Bus desde Pula, tren desde Zagreb y ferry desde Zadar, Split y Dubrovnik.
🌐 www.visitrijeka.hr

muy frecuentadas por los turistas. La ciudad medieval de Rab, capital de la isla, es la visita obligada, ya que presenta un casco histórico muy bien conservado en el que sobresalen cuatro altos y estilizados campanarios venecianos, además es posible subirse a unos restos de muralla que aún se conservan para obtener una bonita panorámica de toda la ciudad. Al norte de la isla se localiza otro de los lugares más visitados de Rab, la Península de Lopar, que cuenta con algunas de las mejores playas de arena de Croacia.

▌ RIJEKA ✳

Lejos de ser una ciudad que destaque por su belleza cultural, Rijeka se trata del puerto más importante de Croacia, y un lugar de paso casi ineludible para todo aquel que viaje durante unos días por la costa dálmata, puesto que aquí se encuentra la central de Jadrolinija, la compañía de ferris más importante de Croacia, que conecta Rijeka con Split, Dubrovnik y las principales islas del Adriático. Aunque se trata de una ciudad industrial, cuenta con algunos lugares con cierto encanto, como Trsat, un barrio de la periferia situado sobre una colina donde se puede visitar una vieja fortaleza del siglo XIII, y una Iglesia famosa por ser uno de los lugares de peregrinación más importantes de Croacia.

En el centro de la ciudad se encuentra la zona vieja, a la que se accede pasando por un arco situado bajo la torre del reloj, aquí se puede pasear por Korzo, una avenida comercial muy animada. Unas calles más al norte se localiza la Iglesia barroca de San Vito de 1638.

▌ ROVINJ (ROVIGNO) (▶30)

▌ SENJ ✳

La ciudad de Senj es bien conocida puesto que aquí establecieron su base de operaciones los Uskoks, unos piratas del siglo XVI que se convirtieron en el terror de los navíos del Adriático, y que incluso consiguieron ralentizar el avance del Imperio Otomano. De esa época se conserva la Fortaleza de Nehaj (1558), situada en lo alto de una loma a la izquierda del puerto. Si se dispone de tiempo también se pueden visitar dos museos de interés: el Museo de la Ciudad, situado cerca de la plaza del puerto, y la Colección de Arte Religioso, justo al este del anterior.

Información Turística
✉ Stara cesta, 2.
☎ 05 388 1068.
🚌 Bus desde Rijeka, Zadar y Split.
🌐 https://visitsenj.com/

Fortaleza de Nehaj
✉ Nehajeva bb.
☎ 05 388 5277.
⏰ May-oct.: 10 h-18 h. Jul-ago.: 10 h-21 h.

▌ SVETVINČENAT ✳

Desviándose unos kilómetros de la carretera que une Pula y Pazin se llega a Svetvinčenat, un pequeño pueblo que bien merece una visita por su singular plaza central, una de las más bellas y singulares de todo Istria.

Información Turística
✉ Svetvinčenat, 20.
☎ 05 256 0016.
🚌 Bus desde Pula.
🌐 www.svetvincenat.hr

En la parte izquierda de la plaza se encuentra el Castillo Morosini-Grimaldi, perteneciente a la familia Grimaldi y que data del siglo XIII. Esta construcción cuenta con un gran patio verde que en los meses de verano acoge conciertos del Festival Istra Etno Jazz. El resto del conjunto lo completan la Iglesia de la Asunción (Crkva navještenja), el edificio del ayuntamiento y una logia veneciana.

I UMAG ✱

Al noroeste de la Península de Istria, a tan solo 40 km de la localidad italiana de Trieste, se localiza el complejo turístico más septentrional de la costa del Adriático: Umag. La ciudad cuenta con cerca de 5.000 habitantes, y fue fundada en época romana con el nombre de Umacus. Su casco histórico, de influencia veneciana, se localiza en una estrecha península que forma parte de una amplia bahía donde se sitúa el puerto. Hoy en día la ciudad es un importante destino para turistas italianos, eslovenos y croatas, contando con una importante red hotelera, y acogiendo anualmente a finales de julio un importante torneo de tenis profesional, el Croatia Open, del que el tenista español Carlos Moyà puede presumir de tener el mayor número de títulos.

A 8 km al norte de Umag se localiza Savudrija, que cuenta con el faro más antiguo del Adriático y es un importante destino para los amantes del windsurf. Otro lugar de interés en los alrededores es Buje, unos 11 km al este de Umag, ciudad medieval que cuenta con unas murallas desde las que se alcanza a ver el mar.

¿Sabías que...?

El torpedo, el famoso proyectil creado para autopropulsarse debajo del agua y destruir objetivos, fue inventado en 1860 por el croata Ivan Lupis-Lukić, un oficial jubilado perteneciente a las fuerzas navales del ejército austro-húngaro. Los primeros torpedos se produjeron en una fábrica instalada en Rijeka.

Información Turística

✉ Trgovačka, 6.
☎ 05 274 1363.
🚌 Bus desde Pula, Trieste y Poreč.
🔗 https://coloursofistria.com/destinacije/umag

▼ Vista aérea de Umag.

UN PASEO A PIE

El sendero didáctico de Leska

▲ Turistas en el Parque Nacional de Risnjak.

Distancia
4,5 km

Tiempo
1 h 30 min-2 h

Punto de Partida
Crni Lug

Punto de Llegada
Crni Lug

Información Parque Nacional de Risnjak
☎ 05 183 6133/261
📰 Buses diarios desde Delnice a Crni Lug
🕐 www.risnjak.hr

🏨 Motel Risnjak
✉ Bijela Vodica 48, Crni Lug
☎ 05 183 6133

❙ El **Parque Nacional de Risnjak** se localiza en la vasta meseta boscosa que separa Croacia de Eslovenia, justo al este de Rijeka y a muy pocos kilómetros del Adriático. Cubre un área total de 34 km², y fue declarado parque nacional en el año 1953. Cuenta con varios caminos para practicar senderismo, como el que sube hasta la cumbre del Veliki Risnjak (1.528 m), el pico más alto de la cordillera de Gorski Kotar.

Sin embargo, la caminata que proponemos a continuación está pensada para ser realizada por cualquiera, simplemente hay que calzarse unas botas e ir equipado con buen material de abrigo, ya que debido a la altitud suele hacer frío.

❙ Hay que llegar hasta el pueblo de **Crni Lug,** al que se puede llegar en autobús desde Delnice, una localidad más importante situada 10 km al sureste.

En Crni Lug se encuentra la oficina de administración del parque, donde hay que pagar la entrada para acceder a Risnjak.

❙ La entrada al Parque Nacional se localiza exactamente en **Bijela Vodica,** aproximadamente a más de 1 km en dirección oeste desde la oficina de información. Es desde aquí donde comienza el recorrido.

El Sendero Didáctico de Leska (Poučna staza Leska) es el recorrido más popular y que reviste una menor dificultad de Risnjak. El sendero está perfectamente señalizado y cuenta con paneles informativos (en croata e inglés) sobre el entorno.

❙ A lo largo del camino se alternan zonas de bosque muy tupido con enormes hayas y abetos, con zonas de claros, en las que encontramos hasta una granja.

La fauna de esta zona es muy variada y se pueden avistar osos, zorros, linces, martas y gatos salvajes, y aves como el águila, el halcón y el cuervo.

❙ El sendero describe un círculo, por lo que el recorrido finaliza donde comenzó, en Bijela Vodica, desde donde continuaremos hacia el este hasta Crni Lug.

Una vez en Crni Lug podemos reponer fuerzas tomando alguna especialidad local como el *goulash* en el restaurante del Motel Risnjak.

| VODNJAN (DIGNANO) ★★

En su momento Vodnjan fue una gran urbe, con mayor importancia que su vecina Pula, pero en la actualidad se trata de una modesta villa rural que destaca principalmente por su patrimonio cultural. En la parte vieja de la ciudad se han conservado varios palacios y edificios góticos, renacentistas y barrocos, de entre los que destaca el Palača Bettica, que fue construido en estilo gótico hacia 1300 y hoy funciona como museo.

Sin embargo, la verdadera joya de la ciudad es la **Iglesia de San Blas,** construida a imitación de la iglesia veneciana de San Pietro in Castello, cuenta con el campanario más alto de Istria (63 m), y en su interior se encuentra una importante colección de arte sacro que conserva una serie de reliquias entre las que destacan los tres cuerpos momificados de varios santos del siglo XVIII. Vodnjan también es muy famosa por su apreciado aceite de oliva.

Información Turística
✉ Narodni trg, 3.
☎ 05 251 1700.
🚌 Bus desde Pula, Pazin, Rovinj y Poreč.
🌐 www.vodnjan-dignano.hr

Colección de arte sacro (Iglesia de San Blas)
⏱ Verano: 9 h-19 h.

◄ Limski Kanal.

¿Sabías que...?
Koversada es el complejo naturista más famoso de Europa. Fue fundado en 1961 en la localidad de Vrsar, al oeste de Istria, y cuenta con una capacidad para cerca de 7.000 personas repartidas en sus apartamentos y zonas de acampada. La Península de Istria siempre ha gozado de una larga tradición naturista y se calcula que un 10% de los turistas que llegan a Istria lo hacen con la intención de desnudarse.

| VRSAR Y EL LIMSKI KANAL ★★

La ciudad costera de Vrsar se asienta en la desembocadura del Limski Kanal, un impresionante fiordo de aguas turquesas de 10 km de longitud poblado de árboles en ambas orillas. Vrsar es ideal para realizar una excursión de un día, y disfrutar de sus maravillosas playas, pasear por sus empinadas y laberínticas callejuelas e incluso realizar una excursión con alguna agencia local para recorrer el fiordo.

Uno de sus más famosos visitantes fue el seductor italiano Giacomo Casanova (1725-1798), que visitó la ciudad un par de veces a finales del siglo XVIII, quedando prendado por sus encantos, como dejó escrito en sus memorias.

Información Turística
✉ Rade Končar, 46.
☎ 05 244 1746.
🚌 Bus desde Poreč y Rovinj.
🌐 http://infovrsar.com

GASTRONOMÍA

La característica principal de la gastronomía croata es su diversidad. A pesar de tratarse de un país relativamente pequeño, la riqueza y variedad de sus recetas es enorme, y los platos cambian mucho de unas regiones a otras. La base de la cocina tradicional croata es eslava, aunque cuenta con profundas influencias de países vecinos que han jugado un rol especial en la historia de Croacia. Los platos del interior están basados en los productos locales como la carne, los cereales y las legumbres, a los que a menudo se les da un toque de sabor con alguna salsa propia de países centroeuropeos, dejando clara la influencia del dominio austro-húngaro. En la costa predominan los platos de pescado, marisco y verdura, así como la pasta y los *risottos* que evidencian una clara influencia de la cocina italiana, especialmente veneciana.

Aperitivos

Los aperitivos más populares son los platos de jamón curado *(pršut)* y el *Paški sir,* queso de oveja típico de las isla de Pag, que suele ir acompañado de aceitunas. Otros entrantes son el *kulen,* un salami picante producido en Eslavonia; el *burek,* un pastel relleno de carne picada o queso; y el *štrukli,* un pastel de queso propio de la región de Zagorje y de Zagreb, que cuenta con diferentes modos de elaboración.

Platos y productos típicos

Cada región de Croacia tiene sus propias especialidades. El producto estrella de la gastronomía de Istria son sus trufas, que son muy valoradas en todo el mundo, especialmente su trufa blanca. En la región de Kvarner destacan los platos de cordero que se preparan en Pag, Cres, Krk y Rab, y en las montañas de Lika. El queso de oveja *Paški Sir* de la isla de Pag, es la joya gastronómica más preciada del área de Zadar. En la zona de Šibenik destacan los platos de pescado a la parrilla, y el atún procedente de las islas Kornati, lo mismo pasa en la

▶ *Štrukli*, pastel de queso típico de la región de Zagorje y Zagreb.

▼ Las ostras de Ston son de las más valoradas a nivel mundial.

▲ Vinos y licores croatas.

◄ *Rožata*, postre típico de Dalmacia.

región de Split donde se preparan con gran maestría las capturas del Adriático. En el área de Dubrovnik el plato más destacado son las ostras de Ston, unas de las más valoradas a nivel mundial. En la región oriental de Eslavonia, el *kulen*, un salami especiado, es el producto más popular. La zona de Zagreb destaca por sus sabrosas fresas.

Postres

La *Palačinka* es posiblemente el postre más conocido de Croacia, se trata de una crêpe plegada y rellena con mermelada, chocolate fundido, o nueces machacadas. La *Rožata* es un postre típico de Dalmacia, similar al pastel de crema de caramelo, y está elaborado con caramelo, huevos, leche y un licor amargo, se sirve frío. Por último, hay que destacar la adoración que sienten los croatas por los helados *(sladoled)*, los cuales se pueden encontrar en todos los rincones de la costa.

Las bebidas

La producción vinícola croata es muy importante y variada. Los vinos blancos más recomendables son el *Vugava*, de Vis; el *Vrbnička žlahtina*, de Vrbnik; el *Semion* y el *Malvazija* de Istria; y el *Kaštelet*, *Grk* y el *Pošip* de Korčula. El vino tinto más valorado y caro es el *Dingač* producido en la Península de Pelješac. Además existen otras variedades de vino muy populares como la *bevanda* (vino blanco o rojo mezclado con agua), el *gemišt* (vino blanco o rojo mezclado con agua con gas), el *špricer* (vino blanco con soda), y el *bambus* (calimocho). Las cervezas locales más consumidas son la *Karlovačko* y la *Ožujsko*; la *Favorit*, de Istria, también goza de muchos adeptos. Los licores gozan de una larga tradición en Croacia, su nombre genérico es el de *rakija*, y las variedades más populares son el *travarica* (aguardiente de hierbas), el *šljivovica* (de ciruela), el *biska* (de muérdago) y el *lozovaca* (de uva). Aunque el licor más prestigioso es el *Maraschino*, un licor de cerezas de la variedad marasca típico de Zadar.

La trufa blanca

Es la joya gastronómica de la gastronomía de Istria. Tiene su reino en el bosque de Motovun, a orillas del río Mirna, en el centro de Istria. En un entorno rodeado de olivos, campanarios y ecos de un acento italiano, el mayor placer que se puede experimentar es el de sentarse a la mesa y disfrutar de un plato de pasta casera aliñada con láminas de trufa blanca recién cogida.

Dalmacia

Entre la ciudad de Zadar, y la Bahía de Kotor (Montenegro) se extiende una de las costas más espectaculares de toda Europa: la costa dálmata. Dalmacia es por méritos propios la postal de Croacia, la fotografía que identifica a la perfección un país costero con muchas islas. Los cientos de islas, islotes y peñascos que salpican el Adriático, y las playas y calas de arena y guijarros que pueblan su escarpado litoral atrae cada verano a millones de turistas de todo el mundo. Brač, Hvar y Korčula son sus islas más conocidas y visitadas, sin embargo existen otras algo alejadas de tierra firme como Vis o Lastovo que presumen de una naturaleza virginal y una tranquilidad absoluta. En la Dalmacia continental destacan la ciudad amurallada de Dubrovnik y Split, dos perlas a orillas del Adriático.

▌Dubrovnik

El dramaturgo irlandés George Bernard Shaw (1856-1950) la bautizó en 1929 como la "Perla del Adriático", en alusión a su impresionante patrimonio arquitectónico. Durante más de cuatro siglos fue una poderosa ciudad estado llamada Ragusa, padeció un brutal terremoto en 1667 y el asedio serbio en la década de los 90, pero siempre se levantó orgullosa, siendo considerada Patrimonio de la Humanidad por la UNESCO desde 1979. Hoy en día Dubrovnik es la visita ineludible de todo viaje a Croacia. Sus relucientes calles de mármol, sus iglesias barrocas, sus fuentes renacentistas y sobre todo sus extraordinarias murallas la convierten en una ciudad con un encanto que la hace especial y diferente.

LO QUE HAY QUE VER EN DUBROVNIK

▌MONASTERIO DOMINICO (DOMINIKANSKI SAMOSTAN) ✶✶

Se localiza junto a la Puerta de Ploče, y data de la época de construcción de las murallas, hecho que se refleja en su aspecto similar al de una fortaleza.

◀ Vista de Dubrovnik.

▼ Campanario del monasterio dominico de Dubrovnik. A la izda., Puerta de Ploče.

● ● ● ● ● ● ● ● ●

🕐 83 (A-B3)
✉ Sv. Dominika, 4.
☎ 02 032 2200.
🕐 Verano: 9 h-18 h.
　 Invierno: 9 h-15 h.

▲ Puerta de Pile.

La parte más destacable de este monasterio es su claustro de estilo gótico-renacentista, levantado en el siglo XV por mamposteros locales siguiendo los planes del arquitecto florentino Maso di Bartolommeo. Sobrevivió al terremoto del siglo XVII y a la invasión de las tropas napoleónicas que lo usaron como establo. Entre sus tesoros más destacables se encuentra una Biblia manuscrita del siglo XI, algunos cuadros de Tiziano, y diversos trabajos de artistas locales.

- 83 (A1)
- Placa, 2.
- 02 032 1410.
- 9 h-14 h.

▌ MONASTERIO FRANCISCANO (FRANJEVAČKI SAMOSTAN) **

Ubicado en el extremo opuesto del Monasterio Dominico, es decir, en la entrada por la Puerta de Pile, al comienzo de Placa *(Stradun)*. Se empezó a construir en 1317 en un estilo románico ya en transición al gótico, aunque en 1667 el terremoto destruyó toda la estructura, reconstruyéndose la fachada al estilo gótico tardío, mientras que el campanario fue reemplazado por una cúpula octogonal de 44 m. En el interior del monasterio sobresale por encima de todo su hermoso claustro del siglo XIV, que presenta ocho columnas en cada uno de sus lados que se caracterizan por estar dotadas de capiteles con diferentes motivos, los cuales son obra del escultor croata Mihoje Brajkov, enterrado en el propio monasterio.

Otra visita obligada es la de la farmacia, ya que continúa abierta desde 1317, siendo considerada la botica más antigua en activo. Por último se puede visitar el pequeño museo de arte sacro del monasterio.

▼ Monasterio Franciscano junto a la fuente de Onofrio de Dubrovnik.

PLANO DE DUBROVNIK

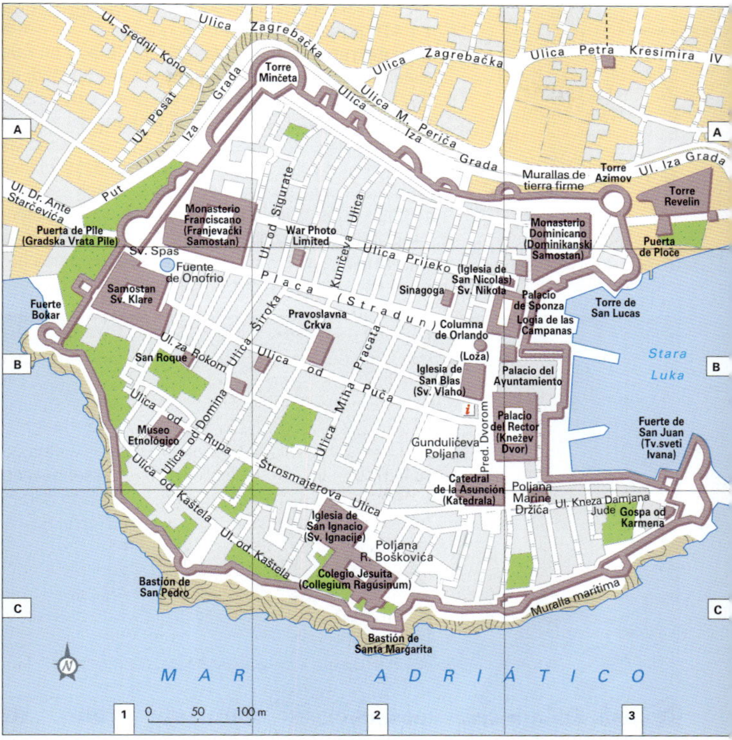
Ulica Zagrebačka
Ul. Srednji Kono
Uz Posat
Iza Grada
Torre Minčeta
Ulica Zagrebačka
Ulica Petra Kresimira IV
Ulica M. Periča
Iza Grada
Murallas de tierra firme
Torre Azimov
Ul. Iza Grada
Torre Revelin
Ul. Dr. Ante Starčevića
Put
Puerta de Pile (Gradska Vrata Pile)
Monasterio Franciscano (Franjevački Samostan)
Ul. od Sigurate
War Photo Limited
Kunićeva Ulica
Ulica Prijeko
Monasterio Dominicano (Dominikanski Samostan)
Puerta de Ploče
Sv. Spas
Fuente de Onofrio
Placa (Stradun)
(Iglesia de San Nicolas) Sv. Nikola
Sinagoga
Palacio de Sponza
Torre de San Lucas
Samostan Sv. Klare
Fuerte Bokar
Pravoslavna Crkva
Columna de Orlando
Logia de las Campanas
Stara Luka
Ul. za Rokom
San Roque
Ulica Široka
Ulica od Puča
Ulica Miha Pracata
(Loža)
Iglesia de San Blas (Sv. Vlaho)
Palacio del Ayuntamiento
Ulica od Domina
Ulica od Rupa
Museo Etnológico
Ulica
Gundulićeva Poljana
Pred. Dvorom
Palacio del Rector (Knežev Dvor)
Fuerte de San Juan (Tv.sveti Ivana)
Štrosmajerova Ulica
Ulica od Kaštela
Catedral de la Asunción (Katedrala)
Poljana Marine Držića
Ul. Kneza Damjana Jude
Gospa od Karmena
Iglesia de San Ignacio (Sv. Ignacije)
Poljana R. Boškovića
Ul. od Kaštela
Colegio Jesuita (Collegium Ragusinum)
Bastión de San Pedro
Muralla marítima
Bastión de Santa Margarita
MAR ADRIÁTICO
A
B
C
1
2
3
0
50
100 m

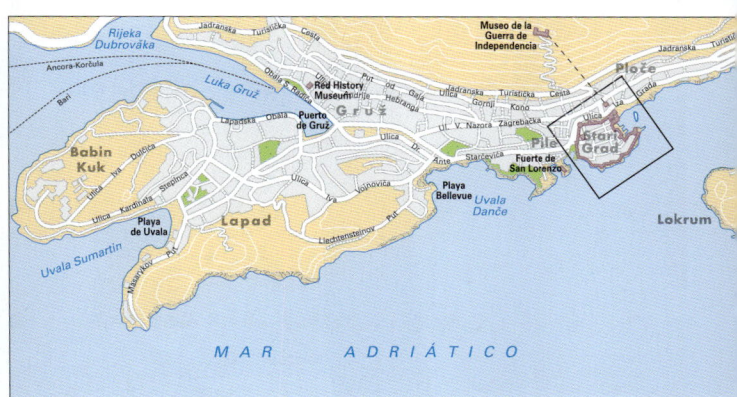

Rijeka Dubrovačka
Jadranska
Turistička
Cesta
Museo de la Guerra de Independencia
Jadranska
Ancora-Korčula
Bari
Luka Gruž
Obala S. Radića
Red History Museum
Gruž
Put od Gaja
Hebrangova
Ulica
Jadranska
Turistička
Gornji Kono
Cesta
Ploče
Iza Grada
Lapadska Obala
Puerto de Gruž
Ulica
Ul. V. Nazora
Zagrebačka
Ulica
Stari Grad
Pile
Babin Kuk
Dubrovačka
Iva
Ulica
Stepinca
Dr. Ante Starčevića
Fuerte de San Lorenzo
Ulica Iva
Vojnovića
Playa Bellevue
Uvala Danče
Ulica Kardinala
Playa de Uvala
Lapad
Put
Liechtensteinov
Lokrum
Uvala Sumartin
Masarykov Put
MAR ADRIÁTICO

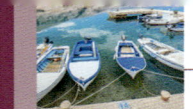

MURALLAS DE LA CIUDAD (GRADSKE ZIDINE) (►20)

CATEDRAL (KATEDRALA) **

83 (B-C2)
Kneza Damjana Jude, 1.
02 041 1715.
9 h-12 h y 15 h-20 h.
Gratuito.

Tesoro
9 h-12 h y 15 h-19 h.

La construcción actual data de 1713, año en que Katičić finalizó el trabajo empezado por Buffalini en 1671, después de que la catedral original desapareciera a causa del terremoto. El exterior del edificio presenta un estilo románico-barroco, destacando las balaustradas colocadas en los bordes de los tejados adornadas con figuras de diferentes santos. En el interior merece especial mención el Tesoro, consistente en 138 reliquias, entre las que destaca el cráneo de San Blas que se saca de procesión junto a muchas otras reliquias el día de su festividad (3 de febrero).

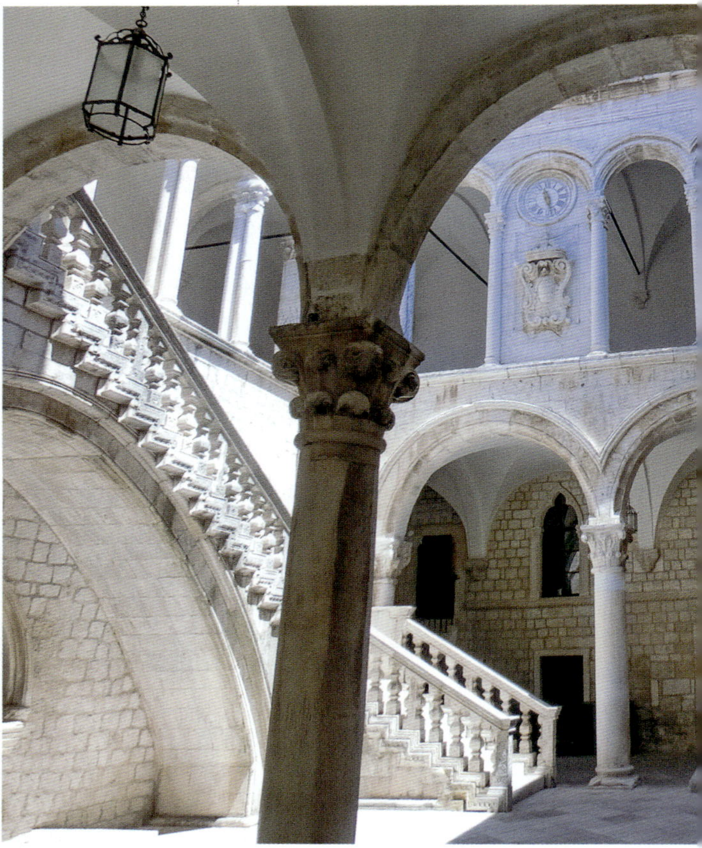

▼ Patio de acceso del Palacio del Rector.

I PALACIO DEL RECTOR (KNEŽEV DVOR) ✶✶

Probablemente el edificio más importante y representativo en la historia de Dubrovnik. Situado junto a la Catedral, el Palacio de los Regidores fue construido en 1435 por el arquitecto Onofrio de la Cava sobre los restos de un antiguo castillo destruido por una explosión. Durante la época de la República de Ragusa acogía al Gran Consejo, máximo órgano de gobierno, siendo a su vez la residencia oficial del Rector *(knez)* durante un mes, es decir, lo que duraba su mandato. De estilo gótico-renacentista, acoge el Museo de Dubrovnik, en el que se exponen pinturas, retratos de personajes ilustres, y objetos del periodo de la ciudad-Estado.

⊕ 83 (B3)
⊠ Knežev Dvor, 1.
☎ 02 032 1437.
🕑 L-S: 9 h-14 h.

La Ciudad Vieja de Dubrovnik

Distancia
1 km

Tiempo
1 h 30 min

Punto de Partida
Puerta de Pile

Punto de Llegada
Puerta de Pile

🚌 Buses hasta la Puerta de Pile 1A, 1B, 2, 2A, 3, 4, 6, 9, 17

🍴 Gradska Kavana
✉ Pred Dvorom, 1
☎ 02 032 1202
🌐 www.nautikarestaurants.com/gradska-kavana-arsenal/

▶ Avenida principal de la Ciudad Vieja (Stradun).

▼ Catedral de Dubrovnik.

❙ Si existe un deber fundamental en todo viaje a Croacia ese es el de explorar la Ciudad Vieja de Dubrovnik. Declarada Patrimonio de la Humanidad por la UNESCO en 1979, se repuso del terremoto de 1667 y de las más de 2.000 bombas que las tropas yugoslavas lanzaron entre de 1991 y 1992.

Accedemos por la **Puerta de Pile** (Gradska Vrata Pile), entrada principal a la Ciudad Vieja. Tras cruzar el puente de piedra y el levadizo, en la puerta (1537) nos da la bienvenida la estatua de San Blas (patrón de la ciudad) obra de Ivan Meštrovic.

❙ Una vez dentro, nos encontramos es con la **Fuente de Onofrio** (Velika Onofrijeva Fontana), del arquitecto napolitano Onofrio de la Cava entre 1438 y 1444, el cual fue responsable de organizar todo el sistema de suministro de agua en la ciudad. Rodeamos por la izquierda la fuente y enfilamos **Stradun** o Placa, la avenida principal, la cual une las dos accesos más importantes al viejo Dubrovnik: Pile y Ploče. Al comienzo de Stradun se localiza el Monasterio Franciscano (▶82), que cuenta con una farmacia del 1317.

Continuamos el paseo por Ulica Garište, la primera calle a la derecha que sale de Stradun, en la que giraremos la primera a la izquierda para tomar Ulica Od Puča, la calle comercial de la ciudad con varias galerías de arte y joyerías. Al final de la calle está Gunduliqeva Poljana, plaza del mercado.

❙ De frente, ya en Pred Dvorom, veremos el **Palacio del Rector** (▶85), y a la derecha la **Catedral** (▶84). Continuamos por la izquierda, mientras vamos viendo monumentos emblemáticos como la **Iglesia de San Blas** (▶88), hasta llegar a la **Plaza de la Logia** (Loža), el rincón político y económico de la ciudad, y donde se encuentran la **Columna de Orlando** (1418), la pequeña **fuente de Onofrio** (1438), la **Torre del Reloj** (Gradski Zvonik), la **Logia de la Campana** (1480) y la **Casa de la Guardia** (s. XV).

Seguimos por Žudioska, a la derecha de Stradun, pasamos la sinagoga y llegamos a Prijeko, una calle con muchos restaurantes. A la derecha llegaremos a Peline, pegada a la muralla norte. Continuamos por Peline y antes de llegar a la **Torre de Minčeta** (▶21) giramos a la izquierda por Palmotiqeva, hasta llegar de nuevo a Stradun, por la que regresaremos a la Puerta de Pile.

83 (B1-2)

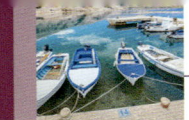

¿Sabías que...?
Dubrovnik, "La Perla del Adriático", como se conoce a esta ciudad costera de la región de Dalmacia, se convirtió en el Desembarco del Rey, en la serie *Juego de Tronos*. Sus murallas, sus fortificaciones, sus guerras e intrigas la dotan de realismo y los súbditos de la historia que tiene lugar en Poniente ya tienen destino al que peregrinar.

PLACA (STRADUN) ***

La calle principal de la Ciudad Vieja es conocida como Stradun o Placa. Tiene una longitud de 300 m, y comunica la Puerta de Pile con la de Ploče por una avenida totalmente recta por la que en su día discurría un canal que dividía la ciudad en dos partes. Fue creada durante el siglo XII, siendo asfaltada en 1468 y reconstruida tras el terremoto de 1667, tras el cual se le confirió un sentido armónico, que queda reflejado en los edificios de viviendas que la jalonan, todos ellos construidos con un estilo uniforme.

Hoy en día es la calle más transitada, lo que ha hecho que su pavimento calizo se halle pulido de tal manera que en los días de lluvia brille con mucha intensidad. Asimismo han proliferado el número de cafés y tiendas, algunos de estos comercios combinan la puerta con el mostrador, lo que en croata se conoce como *na koljeno*.

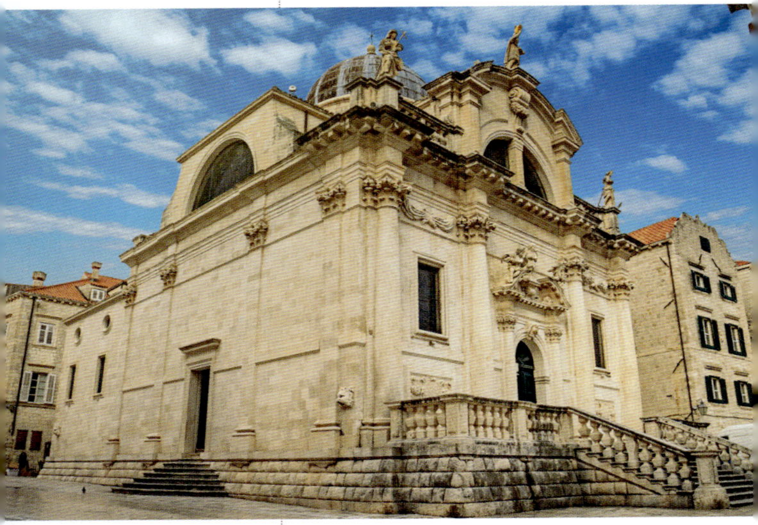

83 (B2)
Loža.
02 041 1715.
8 h-12 h y 16:30 h-19 h.
Gratuito.

▲ Iglesia de San Blas, en Dubrovnik.

IGLESIA DE SAN BLAS (SVETOG VLAHA) *

La iglesia que vemos hoy fue edificada en estilo barroco entre los años 1705 y 1717 por el arquitecto y escultor veneciano Gropeli, y reemplaza a la construcción anterior, destruida en 1368 por un devastador incendio. Su interior es muy espacioso, de planta rectangular y con una cúpula central. En el altar principal hay una estatua de oro del siglo XVI de San Blas (Sv. Vlaho), patrón de la ciudad, que sostiene una maqueta del Dubrovnik de aquella época.

▮ **FUERTE DE SAN JUAN (TVRĐAVA SVETI IVANA)** ✴

El Fuerte de San Juan fue construido en varias etapas entre los años 1346 y 1557 con la misión de salvaguardar el Puerto Viejo. Todas las noches se echaba una cadena que impedía la entrada de embarcaciones y que iba desde el fuerte hasta el antiguo rompeolas del siglo XV. La fortaleza cuenta con dos museos: en la planta baja se encuentra el **Aquarium**, donde se preservan algunas especies marinas del Adriático; y en las plantas superiores se ubica el **museo Marítimo**, que explica de forma amena la evolución marinera de Dubrovnik. Desde el fuerte se divisa el Puerto Viejo, lugar donde zarpan los botes a Cavtat.

LO QUE HAY QUE VER EN
LOS ALREDEDORES DE DUBROVNIK

▮ **CAVTAT** ✴✴

La ciudad de Cavtat se asienta en una resguardada bahía, unos 20 km al sur de Dubrovnik, y a escasos 3 km del aeropuerto internacional. Fue fundada por griegos procedentes de Sicilia en el siglo IV a.C. con el nombre de Epidaurus, para posteriormente convertirse en la colonia romana de Epidaurum, que los avaros destruirían en el siglo VII, forzando a sus habitantes a huir hacia el norte, donde fundaron Ragusa (Dubrovnik).

La ciudad cuenta con unos cuantos puntos de interés como la casa natal del pintor croata Vlaho Bukovac (1855-1922) en la que se exponen algunas de sus mejores obras. En el paseo marítimo se encuentra el Palacio del Conde, que actualmente cumple la función de ayuntamiento y además alberga la Colección Baltazar Bogišic, un importante jurista croata del siglo XIX, con una selección de documentos, obras de arte, libros antiguos y recuerdos que Bogišic fue recopilando en vida. Para completar la visita se puede subir a lo alto de la colina que domina la ciudad y donde actualmente se encuentra el Mausoleo Račić, construido por el escultor Ivan Metrović en 1921 para guardar los restos mortales de una adinerada familia de la ciudad.

▮ **ISLAS DE ELAFITI (ELAFITSKI OTOCI)** ✴✴

Situado a escasos kilómetros al norte de Dubrovnik, el archipiélago de Elafiti ya fue descrito en el siglo I como un auténtico paraíso por el historiador y naturalista Plinio el Viejo. De las trece islas que componen las Elafiti, solo las tres más grandes (Koločep, Lopud y Šipan) están habitadas de forma permanente. Koločep es la más próxima a Dubrovnik, y la más frecuentada por sus habitantes desde hace siglos; Lopud, cuenta con la impresionante playa de Šunj; y Šipan, la más

---

🔘 83 (C3)
✉ Kneza Damjana Jude, 2.

Aquarium
🔘 02 042 7937.
🕐 Verano: 8 h-20 h. Resto del año: 9 h-13 h. D: cerrado.
🌐 www.imp-du.com

Museo Marítimo
🔘 02 032 3904.
🕐 Abr-oct.: 9 h-22 h. Nov-mar.: 9 h-16 h. L: cerrado.
🌐 www.dumus.hr

Información Turística
✉ Donji Obod, 13.
🔘 09 838 6784.
🚌 Bus 10 desde Dubrovnik.
🌐 www.tourism-cavtat.com

▲ Šipan, una de las islas de Elafiti.

Información Turística
Islas de Elafiti
✉ Puerto de Lopud.
🔘 02 075 9086.
⚓ Ferry desde Dubrovnik.
🌐 https://croatia.hr/es-es/islas/lopud

grande de todas, es donde se concentran un mayor número de casas de veraneo de los antiguos aristócratas croatas. La casi inexistencia de coches y la frecuencia de ferris diarios desde Dubrovnik son dos factores positivos que se han de valorar si se plantea una visita a las islas.

❙ LOKRUM ★★★

A escasos 15 minutos en barco desde Dubrovnik se sitúa la boscosa isla de Lokrum, un auténtico paraíso de la fauna y flora, declarado Parque Natural en 1963 y Reserva para la protección de la flora silvestre en 1976. Los primeros colonizadores de Lokrum fueron los monjes benedictinos que hacia 1023 construyeron la abadía destruida por el gran terremoto de 1667. Sobre sus restos el Archiduque Maximiliano de Habsburgo mandó construir en 1859 el palacio que actualmente acoge el Museo de Historia Natural. En lo alto de la colina que domina la isla se encuentra el

❙ Ferri desde Dubrovnik.

▲ Vista desde Dubrovnik de
la isla de Lokrum (izda.) y
playa en Lokrum.

Fuerte Real, una fortaleza de forma estrellada construida por los franceses en 1808 desde la que las vistas
son sensacionales. Los lugares de interés se completan con su popular playa nudista y con el lago salado
de Mrtvo More (Mar Muerto), ambos al sur de la isla.

I ARBORETUM DE TRSTENO   ✱

A parte de los dos plataneros asiáticos gigantes, con
cerca de 500 años de antigüedad, situados en la plaza
del pueblo, Trsteno es famoso por su Arboretum ubicado en las afueras de la villa. Se trata de un majestoso
jardín renacentista construido en 1502 por el aristócrata Ivan Gučetic para uso y disfrute de su familia.
Cuenta con una variada gama de especies de árboles
y plantas, y es un lugar ideal para pasear mientras se
disfruta de las sombreadas avenidas y de las fuentes
jalonadas de estatuas.

El acueducto original sigue siendo utilizado hoy en
día para regar parte de los jardines.

● ● ● ● ● ● ● ● ●

Arboretum de Trsteno
✉ Trsteno, 20 km al noroeste
    de Dubrovnik.
☎ 02 075 1019.
🕐 Verano: 8 h-20 h.
    Invierno: 8 h-17 h.
🚌 Bus desde Dubrovnik.

Información Turística

✉ Porat Bolskih Pomoraca bb, Bol.

☎ 02 163 5638.

⛴ Ferri desde Split a Supetar.

🌐 www.bol.hr

▼ Pučišća, en la isla de Brač.

LO QUE HAY QUE VER EN EL RESTO DE DALMACIA

▌ BRAČ ★★

A escasos minutos en ferri desde Split se localiza Brač, la isla más grande de la costa dálmata (con 40 km de largo y 15 km de ancho), y la tercera con mayor tamaño del Adriático. Brač es famosa por su interesante estructura geológica, que hace que cuente con un suelo rico en mármol blanco que ha sido utilizado para la construcción de edificios en todo el mundo, desde el Palacio de Diocleciano en Split, hasta el Reichstag en Berlín, la Casa Blanca en Washington o la Catedral de Liverpool.

El principal atractivo de la isla y por lo que es más conocida es por su singular playa de Zlatni Rat, (▶31) en las inmediaciones de Bol, al sur de la isla. Resulta también interesante el trekking de dos horas desde Bol hasta la cumbre del Vidova Gora (778 m), el punto más alto de Brač, y uno de los montes más altos de las islas del Adriático. Para completar la visita se puede pasear por la ciudad vieja de Supetar, donde atraca el ferry procedente de Split, o visitar los pueblos de Milna y Nerežišća.

▌ HVAR (▶27)

| KORČULA   ★★★

Korčula, capital de la isla homónima, es uno de los lugares con más interés turístico de todo el sur de Dalmacia. Asentada en una pequeña península cercada por unas murallas construidas en el siglo XIII, Korčula es considerada por muchos como la hermana pequeña de Dubrovnik. Sus habitantes dicen que aquí nació Cristóbal Colón.

El acceso a la ciudad vieja se hace a través de una escalinata que lleva a la Puerta de Tierra (*Kopnena Vatra*) reforzada por los venecianos con una gran torre conocida como Revelin. Una vez dentro, se puede seguir recto por la calle principal hasta la plaza central (Strossmayerov trg), donde se encuentra la Catedral de San Marcos (Katedrala Sv. Marka), que data del siglo XIII y es el monumento más importante de Korčula. Además se puede caminar alrededor de la ciudad siguiendo el paseo interior que va contiguo a las murallas, o simplemente perderse por las estrechas callejuelas de la ciudad. Lumbarda, 6 km al sureste de Korčula, cuenta con playas muy tranquilas y es famosa por producir Grk, un licor parecido al vino muy popular.

Información Turística
✉ Obala Vinka Paletina.
☎ 02 071 5867.
🚢 Ferri desde Dubrovnik y Oberić.
🌐 www.visitkorcula.eu

▼ Isla de Korčula.

▲ Isla de Murter.

• • • • • • • •

✉ Barco desde Murter, Zadar y Šibenik.

Parque Nacional de Kornati
✉ Butina 2, Murter.
☎ 02 243 5740.
🖥 www.kornati.hr
www.tzo-murter.hr

• • • • • • • •

✉ 12 km al norte de Šibenik, accesible desde las poblaciones de Skradin y Lozovac.

Parque Nacional de Krka
✉ Trg Ivana Pavla 2, Šibenik.
☎ 02 220 1777.
🕘 9 h-18 h en Skradinski Buk y 10 h-17 h en Roški Slap.
💰 7 €-40 €, según temporada.
🖥 www.npkrka.hr

▌ ISLAS DE KORNATI (KORNATI OTOCI) ★★★

Con más de 140 islas e islotes colonizados por los arrecifes y el salitre, las Kornati conforman el archipiélago con mayor longitud de todo el Adriático. La pureza de sus aguas y su aspecto totalmente virgen hizo que en 1980, fuera declarada Parque Nacional un área rectangular de unos 35 km de largo y 13 km de ancho, de la que forma parte el sur de Dugi Otok y las islas de Purana, Pula y Salmograd.

De entre todas las islas, la de mayor tamaño es Kornat, que asimismo alberga el pequeño pueblo de Vrulje, compuesto por un embarcadero y un puñado de viviendas que albergan a casi toda la población del archipiélago. La mayor parte de las islas son propiedad de los habitantes de Murter, que las adquirieron a finales del siglo XIX comprándoselas a la nobleza croata. Son sus ciudadanos quienes han levantado restaurantes y cabañas que alquilan a aquellos turistas que quieran pasar unos días sintiéndose como unos auténticos náufragos, en un lugar sin electricidad ni agua corriente, y rodeados por una naturaleza aún intacta.

▌ PARQUE NACIONAL DE KRKA (NACIONALNI PARK KRKA) ★★★

Con una superficie de 142 km², de los cuales 25,6 km² están cubiertos por agua, este parque puede presumir de tener los saltos de agua más impresionantes de Croacia. El parque se extiende fundamentalmente a lo largo del río Krka, desde su nacimiento en la ciudad de Knin, hasta su desembocadura en Skradin donde el río se une con una extensa ensenada marítima.

De entre las siete cascadas de las que consta el parque destacan la de Roški Slap y sobre todo la de Skradinski Buk, que se compone de 17 escalones distribuidos a lo largo de 800 m en los que hay una caída de 46 m. Aparte de disfrutar de las cascadas y lagos naturales para darse un baño, se puede visitar el monasterio franciscano de Visovac (1445), que se localiza en un curioso islote en medio del lago Visovačko jezero. Para visitar el parque lo mejor es hacerlo en barco desde Skradin, o bien en autobús desde Lazovac.

‖ MAKARSKA RIVIJERA ✳

La Riviera de Makarska se extiende a lo largo de unos 60 km entre Brela y Gradec, en una franja costera muy estrecha, ya que se encuentra cercada contra el mar por la cordillera montañosa de Biokovo, la segunda más grande del país con los 1.762 m que alcanza en su punto más alto, el Sveti Jure.

▼ Parque Nacional de Krka.

Información Turística
- ✉ Obala kralja Tomislava, 16.
- ☎ 02 161 2002.
- 🖰 www.makarska-info.hr

▲ Yacimiento romano de Salona.

Información Turística

✉ Zrinsko-frankopanska 2, Orebic.

☎ 02 071 3718.

🚌 Bus desde Dubrovnik y ferri desde Korčula.

🌐 www.peljesac.holiday

Esta zona costera es, junto a la costa occidental de Istria, el lugar en el que el turismo se ha desarrollado con más fuerza en Croacia. Las poblaciones que se extienden a lo largo de la autovía de Magistrala (que recorre toda la rivera de norte a sur) no destacan por su legado histórico, sin embargo esto lo suplen con hermosas playas de guijarros como la de Tučepi, Brela y Makarska; y con la presencia de pequeños pueblos de pescadores con mucho encanto como el de Baška Voda.

I MLJET (▶26)

I PENÍNSULA DE PELJEŠAC ★★

La Península de Pelješac podría parecer desde el aire una isla más de la costa dálmata, si no fuera porque está unida con el interior por un estrecho istmo en Ston. A pesar de tener una longitud de 65 km, su punto de mayor anchura no supera los 7 km. Presenta una geografía muy accidentada, contando con una larga cadena montañosa que alcanza su punto más alto en el Monte Sveti Ilija (961 m), y su paisaje está marcado por los viñedos y las plantaciones de frutales. Las poco profundas aguas de sus costas favorecen el cultivo y cría de las ostras, uno de los manjares de Pelješac.

Es recomendable la visita a la villa amurallada de Ston, zona estratégica durante el Imperio Romano. Es la población más próxima a la Croacia continental, donde el visitante no se puede ir sin pasear por sus 5 km de muralla del siglo XIV, la más larga de Europa y una impresionante obra de ingeniería.

I PARQUE NACIONAL DE LOS LAGOS DE PLITVICE (NACIONALNI PARK PLITVICKA JEZERA) (▶24)

I SOLIN (YACIMIENTO ARQUEOLÓGICO DE SALONA) ★★

☎ 02 121 0048.

🕐 Verano: 7 h-19 h. Consultar horarios el resto del año.

🚌 Bus desde Split.

🌐 www.solin-info.com

Tan solo 5 km al norte del centro de Split, la ciudad dormitorio de Salona (19.000 habitantes), cuenta con uno de los yacimientos romanos más importantes de todo el Adriático. Fundada en el siglo IV a.C. por los ilirios, no fue hasta el año 78 con la conquista por parte de los romanos cuando la ciudad comenzó a desarrollarse, alcanzando su esplendor bajo el mandato del Emperador Diocleciano (284-305), que curiosamente era natural de Salona. En esta época la ciudad llegó a tener 60.000 habitantes, y se realizaron grandes obras de ingeniería como acueductos, baños, teatros, e incluso un gran anfiteatro con una capacidad para cerca de 20.000 espectadores del que actualmente se puede visitar su tribuna baja.

∎ ŠIBENIK ★★

Situada en una abadía protegida, no muy lejos de la desembocadura del río Krka, la ciudad portuaria de Šibenik es un importante centro industrial en el norte de Dalmacia. Dentro de las ciudades del Adriático, Ši-benik es un caso raro, puesto que no presenta ninguna herencia cultural griega ni romana, ya que la ciudad fue fundada en el siglo XI como fortaleza por los croa-tas y cayó en manos de los venecianos en el siglo XV, precisamente de esta época son la mayor parte de los edificios que componen su impresionante casco histórico. De entre todos ellos destaca la catedral de San Jacobo, declarada Patrimonio de la Humanidad por la UNESCO en el año 2000. Levantada sobre los restos de una anterior iglesia románica, esta obra maestra diseñada por Jorge el Dálmata es uno de los más be-llos ejemplos de gótico-veneciano en todo el país. De planta de cruz latina, con tres naves y rematada en su transepto por una gran cúpula de 32 m de altura, destaca por su friso adornado con 74 cabezas que representa a los ciudadanos más importantes de la ciudad en la época de su construcción.

Desde Šibenik se pueden tomar autobuses hasta el Parque Nacional de Krka y a la Fortaleza Medieval de Knin.

Información Turística
✉ Fausta Vrancica, 18.
☎ 02 221 2075.
🚌 Bus desde Split, Trogir y Zadar.
🌐 www.sibenik-tourism.hr

▼ Vista de la catedral de Šibenik.

▌ Split

Las fábricas, los astilleros y el ajetreo de su puerto comercial son el mejor retrato que se puede hacer de la Split moderna, una ciudad que se fue desarrollando de forma imparable tras la Segunda Guerra Mundial, hasta convertirse en lo que es hoy, la segunda ciudad más importante de Croacia tras Zagreb, con la que mantiene una interesante rivalidad. Su atractivo principal y visita ineludible es el Palacio Romano de Diocleciano, uno de los más grandes de ese estilo y que domina el agradable centro histórico.

▼ Catedral de Santo, en Split.

LO QUE HAY QUE VER EN SPLIT

▌ MUSEO ARQUEOLÓGICO (ARHEOLOŠKI MUZEJ) ✱✱

Se trata del museo más antiguo de Croacia, ya que fue creado en 1820, si bien su emplazamiento actual data de 1921. Es uno de los museos arqueológicos más importantes de Europa, contando con piezas pertenecientes a los ilirios, a los griegos, a los primeros años del cristianismo y a la época medieval, aunque la mayor parte de objetos que se muestran forman parte de la época romana, extraídos de la ciudad de Salona. Se exponen esculturas, joyas, monedas, pequeños objetos de vidrio, cerámicas, etc. Las tres piezas más importantes del museo son tres sarcófagos pertenecientes a los siglos III y IV.

🕓 100, II (A2)
✉ Zrinjsko-Frankopanska, 25.
☎ 02 132 9340.
🕐 Jun-sep.: L-S, 9 h-14 h y 16 h-20 h; Resto del año: L-V, 9 h-14 h y 16 h-20 h. S: 9 h-14 h. D: cerrado.
🖰 www.arheologija.hr

▌ PALACIO DE DIOCLECIANO (DIOKLECIJANOVE PALAČE) (▶29)

▌ MUSEO ETNOGRÁFICO (ETNOGRAFSKI MUZEJ) ✱

Museo fundado en 1910 y que está ubicado en el antiguo ayuntamiento (Gradska Vijenica), en el lado norte de Narodni trg o Plaza del Pueblo. Resulta interesante para aquellos que quieran conocer algo más sobre la cultura y las tradiciones de la costa dálmata. Expone una amplia gama de objetos como los bordados, los tejidos, los trajes regionales, las piezas de cerámica, las tallas en madera y diferente tipo de armamento para la batalla como lanzas, yelmos, escudos y armaduras.

🕓 100, I (A2)
✉ Severova, 1.
☎ 02 134 4164.
🕐 Jun-sep: L-S, 9:30 h-20 h.D: 9:30 h-13 h. Resto del año: L-V, 9 h-15 h. S: 9 h-13 h.
🎟 3 €.
🖰 www.etnografski-muzej-split.hr

▌ GALERÍA MEŠTROVIĆ (GALERIJA MEŠTROVIĆ) Y KAŠTELET ✱✱

El escultor Ivan Meštrović (1883-1962) mandó construir esta gran casa palaciega entre 1931 y 1939, desde 1932 la utilizó como vivienda familiar y estudio de trabajo, hasta que en 1941 la ocupación italiana forzó al escultor a exiliarse a Estados Unidos para no regresar. La Galería fue inaugurada en 1952 y actualmente cuenta con 192 esculturas, 4 cuadros, 583 dibujos y 291 planos arquitectónicos. Algunas de sus esculturas están expuestas en el jardín exterior de la casa, y en el interior se puede visitar la parte de la vivienda que ocupó Meštrović.

El precio de la entrada da derecho a visitar el cercano Kaštelet, una residencia del siglo XVII que Ivan Meštrović compró en 1932 a la familia Cavagnin, con el fin de montar una sala de exposiciones. El escultor croata construyó aquí una pequeña capilla en la que se exponen una serie de relieves religiosos.

🕓 100, II (C1)
✉ Šetalište Ivana Meštrovića, 46.
☎ 02 134 0800.
🕐 May-sep.: M-D, 9 h-19 h. Oct-abr.: 9 h-16 h. D: 10 h-15 h.
🖰 www.mestrovic.hr

PLANO DE SPLIT

SPLIT I

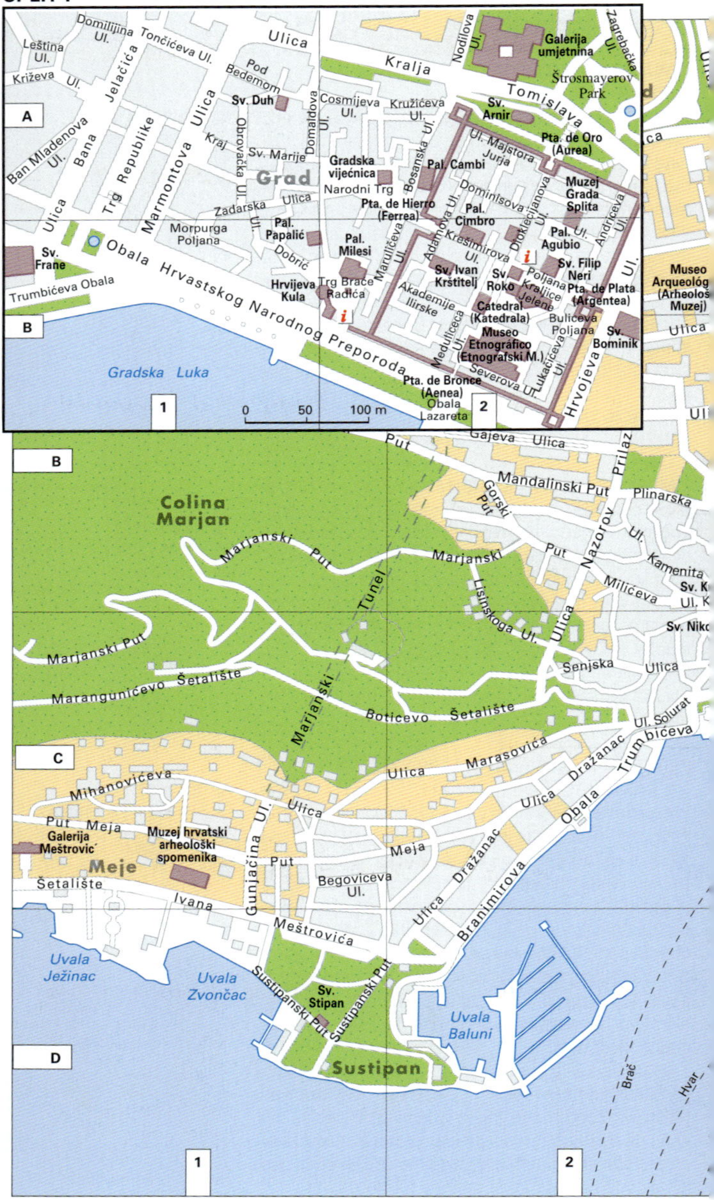

Leština Ul.
Križeva Ul.
Domilijina Ul.
Tončićeva Ul.
Ulica
Pod Bedemom
Kralja
Tomislava
Galerija umjetnina
Štrosmayerov Park
Zagrebačka

Ban Mladenova Ul.
Bana
Jelačića Ul.
Trg Republike
Marmontova Ulica
Obrovačka Ul.
Kraj
Sv. Duh
Cosmijeva Ul.
Domaldova Ul.
Kružićeva Ul.
Sv. Arnir
Ul. Majstora Jurja
Pta. de Oro (Aurea)

Sv. Marije
Grad
Gradska vijećnica
Narodni Trg
Domnisova Ul.
Muzej Grada Splita
Andrićeva

Ulica
Morpurga Poljana
Zadarska
Ulica
Pta. de Hierro (Ferrea)
Pal. Cambi
Pal. Cimbro
Krešimirova Ul.
Pal. Ul. Agubio
Adžijeva
Dioklecijanova

Sv. Frane
Trumbićeva Obala
Obala Hrvatskog Narodnog Preporoda
Pal. Papalić
Pal. Milesi
Hrvijeva Kula
Trg Braće Radića
Sv. Ivan Krstitelj
Sv. Roko
Poljana Kraljice Jelene
Sv. Filip Neri
Pta. de Plata (Argentea)
Bulićeva Poljana
Sv. Bominik

Museo Arqueológ (Arheolos Muzej)

Dobrić
Akademije Ilirske
Catedral (Katedrala)
Museo Etnográfico (Etnografski M.)

Gradska Luka
Pta. de Bronce (Aenea)
Obala Lazareta
Gajeva
Ulica

1 0   50   100 m **2**

B

Put
Gajeva Ulica
Mandalinski Put
Plinarska
Colina Marjan
Gorski Put
Marjanski
Nazorov Ul.
Kamenita
Sv. K.
Ul. K.
Marjanski Put
Lisinškoga Ul.
Ulica
Put
Miličeva
Sv. Niko
Marjanski Put
Marjanski Tunel
Senjska
Ulica

Marangunićevo Šetalište
Botićevo Šetalište
Ul. Solurat
Trumbićeva

C

Mihanovićeva
Ulica
Marasovića Ulica
Dražanac
Obala
Trumbićeva
Put Meje
Galerija Meštrović
Muzej hrvatski arheološki spomenika
Meja
Begovićeva Ul.
Dražanac
Branimirova
Ivana Meštrovića
Gunjačina Put
Ulica
Meje
Šetalište

Uvala Ježinac
Uvala Zvončac
Sustipanski Put
Sv. Stipan
Uvala Baluni

D

Sustipan
Brač
Hvar

1   **2**

- 100, II (B2)
- Peristil.
- L-S: 8 h-12 h y 16 h-19 h.
  Verano: L-D, 8 h-19 h.

- 100, II (B1)

▲ Esfinge egipcia a los pies del campanario de Split.

▼ Vista de Split desde la colina Marjan.

▌ CATEDRAL DE SANTO DOMINGO (KATEDRALA SVETI DUJE) ***

Localizada en el interior del Palacio de Diocleciano, esta catedral fue concebida en un principio como un mausoleo para acoger el sarcófago con los restos del Emperador Diocleciano (245-311)

En el siglo VII los restos mortales de Santo Domingo, el arzobispo de la época, sustituyeron a los de Diocleciano, quedando consagrado el templo al cristianismo. Desde entonces la catedral se ha mantenido prácticamente igual, salvo la incorporación en el siglo XIII del coro, y la construcción entre los siglos XII y XVI de un campanario al que se puede subir para tener una buena panorámica de la ciudad. Merece una mención especial la esfinge de granito negro que se encuentra a los pies del campanario.

▌ COLINA MARJAN **

Cuando los ciudadanos de Split quieren escapar del bullicio de la ciudad se marchan a Marjan. La colina de Marjan, es la zona verde de la urbe, una península boscosa con más de 3,5 km de longitud y 1,5 km de anchura, que se compone de varios senderos diseñados tanto para andar como para ir en bicicleta. Para llegar hasta alguno de sus tres excelentes miradores, los cuales se corresponden con sus tres picos, lo ideal es salir desde la barriada de Veli Varoš, al final del paseo marítimo de La Riva, y subir por la escalinata de Senjska, desde allí las vistas de Split, de la Rivera Kastela y de las ciudades de Salona y Trogir son excelentes.

LO QUE HAY QUE VER EN LOS ALREDEDORES DE SPLIT

TROGIR ★★★

A 20 km al oeste de Split, asentada en una pequeña isla unida al continente y la vecina isla mayor de Ćiovo por sendos puentes, se localiza Trogir, una de las mayores joyas con las que cuenta la costa dálmata. El origen de la ciudad hay que buscarlo en el 380 a.C., año en que los griegos fundan Tragyrion (isla de cabras). Desde entonces fue ocupada sucesivamente por romanos, bizantinos, sarracenos, húngaros, y a partir de 1420 por los venecianos, a los que se debe la mayor parte del esplendor monumental que llevó a la UNESCO a considerarla Patrimonio Histórico de la Humanidad en 1997.

Su centro histórico se localiza en la parte insular de la ciudad, es muy compacto y está rodeado por los restos de muralla que se conservan. El edificio más destacado de Trogir es la catedral de San Lorenzo (Sv. Lovre), ubicada en la placita principal de la ciudad (Trg Ivana Pavla II). Se empezó a construir en 1213 en el lugar exacto donde se asentaba la catedral anterior destruida por los sarracenos. Presenta un estilo románico en su estructura y fue finalizada tres siglos después de su inicio, cuando se terminó de construir el campanario de estilo veneciano. En su interior se halla la Capilla de San Juan de Trogir (Kapela svetog Ivana Trogirskog), que cuenta con un tesoro de objetos eclesiásticos curiosos que se puede visitar previo pago. En la plaza principal también se encuentra el ayuntamiento y una logia veneciana del siglo xv. En el extremo occidental de la isla, fuera de las murallas y junto a un campo de fútbol, se

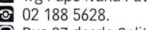

Información Turística

✉ Trg Pape Ivana Pavla II, 1.
☎ 02 188 5628.
🚌 Bus 37 desde Split.
⛴ Ferri desde Split, Drvenik Mali y Drvenik Veliki.
🌐 www.trogironline.com

▲ Iglesia de San Sebastián, en Trogir

▼ Vista de la vieja ciudad de Trogir.

▲ Komiža, en la isla de Vis.

••••••••••

Información Turística
✉ Setaliste Stare Isse, 2.
☎ 02 171 7017.
⛴ Ferry desde Split.
📷 www.tz-vis.hr

asienta el Castillo del Kamerlengo (Kaštel Kamerlengo), que fue construido por los venecianos en el siglo XV y que en su día se utilizó como residencia del gobernador. Junto al Castillo se levanta la Torre de San Marcos, un bastión defensivo que data de 1470.

▌ VIS ✱✱

La isla de Vis es una de las más alejadas de la costa dálmata, esta situación geográfica le confirió un valor militar estratégico que hizo que hasta 1989 estuviese prohibida la visita para los turistas. No obstante, la isla fue colonizada mucho antes por los griegos, que de la mano de Dionisio de Siracusa establecieron la ciudad de Issa en el siglo IV a.C. Posteriormente, en el año 47 a.C. los romanos se hicieron con el control de Vis, más tarde cayó en manos de los bizantinos, y en 1420 fueron los venecianos los que la conquistaron.

La isla jugó un papel fundamental en la Segunda Guerra Mundial, siendo utilizada como base de operaciones militares por parte del Mariscal Tito, que mantenía reuniones con diplomáticos y espías ingleses en una cueva cercana al Monte Hum, el pico más alto de la isla con 587 m.

Vis es un lugar muy apacible, con bonitas playas, pequeños pueblos de pescadores y viñedos, y que poco a poco comienza a ser descubierta por los via-

jeros más intrépidos. Los lugares de mayor interés están en su capital homónima, donde se pueden visitar algunos edificios de estilo gótico-veneciano y la Iglesia Renacentista de Nuestra Señora de Spilica. En el extremo occidental de la isla se encuentra la localidad de Komiža, que cuenta con un castillo construido por los venecianos y desde donde parten los ferris con destino a la vecina isla de Biševo, donde se encuentra la cueva natural de Modra Špilja (Cueva Azul).

ZADAR ★★

La antigua capital de Dalmacia es hoy en día una bulliciosa ciudad cercana a los 80.000 habitantes, lo cual no impide que siga conservando un cierto regusto de ciudad provinciana. Lo que mejor refleja esto es su casco histórico, en una estrecha península al noroeste de la ciudad que fue habitada en un primer momento por los ilirios, aunque el trazado actual de sus calles se deba a los romanos. El monumento más importante de Zadar fue construido sobre el antiguo foro romano y utilizando parte de sus piedras, estamos hablando de la Iglesia de San Donato, un templo de planta circular construido a finales del siglo IX considerado uno de los mejores ejemplos de arquitectura de influencia bizantina.

ZLATNI RAT, BRAĆ (▶31)

▲ Iglesia de San Donato. Abajo, el órgano de mar, ambos en la ciudad de Zadar.

Información Turística
- ✉ Ilije Smiljanica bb.
- ☎ 02 321 2222.
- 🚌 Bus desde Šibenik y Split.
- ⛴ Ferry desde Rijeka, Split y Dubrovnik.
- 🌐 https://zadar.travel/

UN PASEO A PIE

Distancia
17 km

Tiempo
De un sitio a otro, en coche, una media hora. En cada sitio, una media de una hora de visita

Punto de partida
Palacio de Diocleciano

Punto de llegada
Fortaleza de Klis

▲ Museo de *Juego de Tronos* en Split. Abajo, sótanos del palacio de Diocleciano, una de las muchas localizaciones de la serie.

Split & *Juego de Tronos*

❚ Igual que Diocleciano después de ejercer como emperador romano se decantó por la región central de Dalmacia a orillas del Adriático para levantar una villa en la que retirarse del ajetreo del imperio, los productores de la serie *Juego de Tronos* optaron por ese Split que se sucede en las entrañas del Palacio de Diocleciano para grabar las intrigas de Daenerys Targaryen y sus dragones.

Los amantes de la saga de *Canción de hielo y fuego* ahora ven a la ciudad croata y sus playas como la Bahía de los Esclavos, uno de esos mágicos y ficticios lugares que existen en el mundo fantástico creado por George R. R. Martin. La cuarta temporada de la afamada serie de la cadena de televisión norteamericana HBO ha hecho despertar la curiosidad en relación a Split y que mucha gente quiera visitar esta soleada ciudad que se disfruta a la sombra de sus muchas galerías y pasillos y custodiada por el monte Marjan, en una península salpicada de pinos a orillas de un mar del color del acero Valyrio.

❚ A sus vecinos no les hace falta la coartada de ser Patrimonio de la Humanidad por la UNESCO para presumir de ciudad. Simplemente saben que viven en un hermoso lugar y lo disfrutan. Split tiene la peculiaridad de ser una ciudad en movimiento en torno a un palacio que se construyó por orden de Diocleciano entre los años 284 y 305 d. C. En la actualidad los restos conservados de este fastuoso edificio son el ADN del casco antiguo de la ciudad. El recinto amurallado de 180 x 215 m se funde con el trazado urbano haciendo que el paseo por sus angostas y empedradas calles sea un viaje en el tiempo, ahora un viaje de película (de serie).

El **palacio de Diocleciano** pasó de ser una hermosa villa para los gobernadores y emperadores en el exilio a lugar de refugio para una población amenazada por las invasiones de los pueblos bárbaros. De esta manera las estancias palatinas se convirtieron en moradas para los habitantes y los larguísimos corredores en calles. Y así, poco a poco, la vida se fue sucediendo en torno al palacio que hoy los visitantes pueden distinguir y hace parte viva de Split.

Desde el **paseo marítimo** o Riva se accede a la entrada principal del palacio por medio de una arcada subterránea. Caminando por las catacumbas repletas de puestos de venta de souvenirs vamos a parar al Peristilo y a la **Catedral de San Domnio**. Junto a la catedral hay un campanario, símbolo de la ciudad. El resto es un paseo a la deriva, un ir y venir, por calles, pasadizos y galerías, decorados con cafés donde poder hacer un alto en el camino. Al margen de la visita cultural, en la **playa de Bacvice**, además de tomar un baño se puede disfrutar viendo jugar al *picigin*. Se trata de un deporte local que se practica en la playa en que los participantes se pasan una pequeña pelota muy rápido sin que caiga al agua.

Al margen de la ralegre Split existen varios enclaves interesantes que tampoco se les ha escapado a los localizadores de la serie. Salona, aunque no aparece en *Juego de Tronos,* bien merece una visita si uno es amante de las piedras. Se trata del mayor yacimiento croata de la antigüedad. Muy cerca de este conjunto se encuentran las ruinas de lo que fue el anfiteatro de la ciudad de Salona, en la línea del de Pula o el de Roma. Sobre ellos se levanta la **Fortaleza de Klis**. Una construcción defensiva ubicada en un peñasco entre las montañas de Mosor y Kozjak, desde donde uno puede adivinar la antigua Salona y Split al fondo.

▲ La Fortaleza de Klis representa la ciudad de Meereen en *Juego de Tronos.*

En lo alto del estandarte en Klis han ondeado muchas banderas: la turca, la veneciana, la austríaca, la francesa, la austro-húngara, hasta que en 1990 finalmente ondeó la de la República de Croacia. La última vez que se usó esta fortaleza con fines militares fue durante la II Guerra Mundial por parte de las fuerzas invasoras italianas y alemanas. HBO ha aprovechado toda esa historia y su escenografía para transformarla en **Meereen,** la ciudad que Daenerys Targaryen y su ejército de hombres libres alcanzan después de avanzar por un camino custodiado por cadáveres de niños crucificados.

Emily Clarke, actriz que interpreta el personaje de Daenerys Targaryen, dijo en relación a su estancia en Croacia para grabar la serie: "Creí que filmar en Dubrovnik ya era espléndido, pero filmar en Split fue igualmente o incluso más espléndido. ¡Fue increíble!".

Dónde...

Restaurantes

Horarios de comidas

Los restaurantes suelen servir las comidas entre las 12 h y las 15 h, mientras que el horario habitual para cenar es entre las 20 h y las 22 h. Además, muchos locales suelen ofrecer una variada gama de aperitivos, llamados *marende* en la costa y *glabeci* en el interior, entre las 10:30 h y las 12 h. La mayoría de los establecimientos no necesitan reserva previa, y muchos cierran el domingo o tienen un horario reducido los fines de semana en invierno. La comida del día más importante para los croatas es la del mediodía (*ručak*), por encima de la cena (*večera*).

Tipos de restaurante

Las comidas y cenas principales se sirven en los *restoran* (a veces llamados *restauracija*) y en las *konoba* (especie de bar). Las *gostiona* son un tipo de restaurante algo más rudimentario de tomar y listo. Las pizzerías están muy extendidas, siendo los croatas unos auténticos maestros pizzeros debido a su proximidad con Italia y a los años de influencia de los italianos. Por último, las *slastičarnice* (pastelerías), son los lugares especializados en bollería, repostería y helados.

Zagreb

Baltazar (M)
Uno de los mejores restaurantes de la ciudad. Se divide en tres partes: Baltasar (carnes), Gaspar (pescados) y Melchor (vinos). Los productos que se sirven son de temporada.
- ✉ Nova Ves, 4.
- ☎ 01 466 6999.
- ⊙ L-S: 12 h-24 h. D: 12 h-17 h.
- 🌐 https://baltazar.hr

Boban (M)
Refinado restaurante italiano situado en pleno centro de la ciudad, muy cerca de la Trg Bana Jelačića.
- ✉ Gajeva, 9.
- ☎ 01 481 1549.
- ⊙ L-D: 11 h-24 h.
- 🌐 www.boban.hr

K Pivovari (M)
Inaugurada en 1893, es la cervecería con más pedigrí de la ciudad. Dispone de grandes mesas en las que se sirven todo tipo de platos en una atmósfera verdaderamente muy auténtica.
- ✉ Ilica, 222.
- ☎ 01 37 51 808.
- ⊙ L-J: 8 h-23 h; V: 8 h-24 h; S: 9 h-24 h; D: 10 h-17 h.

Paviljon (C)
Se localiza en el edificio del Art Pavilion, justo en frente de la estación de tren. Es un restaurante muy selecto en el que la cocina italiana tiene mucho peso.
- ✉ Trg Kralja Tomislava, 22.
- ☎ 01 481 3066.
- ⊙ L-S: 12 h-24 h.

Rubelj Grill (E)
Cadena de restaurantes especializados en carnes y pescados a la brasa. Cuenta con 13 restaurantes en Zagreb y con alguno más en otras ciudades como Samobor y Rab.
- ✉ Dolac, 2.
- ☎ 01 291 1411.
- ⊙ L-D: 8 h-23 h.

Trilogija (M)
Dispone posiblemente de la carta de vinos más variada de la ciudad. Su cocina es muy creativa y cuidada, perfecta para los amantes de los placeres culinarios en su justa medida.
- ✉ Kaptol, 10.
- ☎ 01 485 1394.
- ⊙ L-J: 11 h-24 h; V-S: 11 h-01 h.
- 🌐 www.finoivino.com

Vallis Aurea (E)
Gastronomía típica de la región oriental de Eslavonia. Se localiza en la parte baja del funicular de Gornji Grad. Cuenta con una amplia gama de platos de verduras, carnes y pescados.
- ✉ Tomićeva, 4.
- ☎ 01 483 1305.
- ⊙ L-S: 9 h-23 h.
- 🌐 https://vallis-aurea.hr

Vincek (E)
Cadena de pastelerías (*slastičarnice*) en las que se puede adquirir deliciosa bollería y pasteles, así como helados. Existen cuatro en la ciudad.
- ✉ Ilica, 18.
- ☎ 01 483 3612.
- ⊙ L-D: 8:30 h-23 h.

CROACIA INTERIOR

Đakovo

Slastica Korzo (E)
Esta pequeña cafetería despacha los mejores helados de Đakovo, así como deliciosos dulces y pasteles. Su terraza es ideal para disfrutar de sus delicatessen en verano.
- ✉ Hrvatskih Velikana, 18.
- ☎ 03 182 0176.
- ⊙ L-D: 7 h-21 h.

Slavonika (M)
Forma parte del Hotel Đakovo. Es uno de los lugares más representativos de la cocina local, así como de sus vinos. La decoración se basa en los viñedos y los caballos tan famosos de la región de Eslavonia.

 Nikole Tesle, 52.
☎ 03 184 0570.
🖥 www.hotel-djakovo.hr

P. N. Kopački Rit (Park Kopački Rit)

Kod Varge (E)

Cercano al Parque Natural, en el pueblo de Bilje, se localiza este restaurante cuya especialidad son los pescados, destacando sus carpas con salsa amarga y patatas.

✉ Ulica Kralja Zvonimira 37A, Bilje.
☎ 03 175 0120.
🕐 L-D: 8 h-23 h.
🖥 https://kod-varge.hr/varga/

Samobor

Kavana Livadić (E)

Se trata de la mejor pastelería de Samobor. La *palačinka* (versión balcánica del *crepe*) con nueces y el *kremšnita* (tarta de crema), son sus dos delicatessen más reconocidas. Ubicada en la plaza principal de la ciudad.

✉ Trg Kralja Tomislava, 1.
☎ 01 336 5850.
🕐 L-D: 8 h-24 h.

Samoborska Pivnica (M)

Pintoresco restaurante en forma de cueva que se localiza detrás de la plaza principal. Las recetas locales son muy elaboradas, de calidad y recomendables. Las carnes, embutidos, sopas y caldos dominan el menú.

✉ Šmidhenova, 3.
☎ 01 337 9924.
🕐 L-V: 10 h-23 h. S-D: 10 h-24 h.
🖥 https://www.hotel-livadic. hr/en/tavern

Samoborski Slapovi (E)

Este hotel restaurante se localiza en medio de un bosque, unos 3 km al noroeste del centro de Samobor. El menú está copado por la cocina regional con algunas excepciones de la gastronomía italiana y alemana.

✉ Hamor, 16.
☎ 01 338 4063.
🕐 L-D: 7 h-24 h.

Varaždin

Park (M)

Especialidades locales como la ensalada de Varaždin o el *Grazevina* (vino blanco) son la tónica general de un coqueto restaurante con unas bonitas vistas a los jardines municipales.

✉ Habdelićeva, 6.
☎ 04 221 1499.
🕐 L-S: 9 h-23 h; D: 10 h-22 h.

Veliki Tabor

Grešna Gorica (M)

Situado en una granja, sirve platos típicos de la región de Zagorje como el *zagorski štrukli* (bolas de queso horneado) y el *puran s mlincima* (pavo al horno con un sabroso acompañamiento).

✉ Taborgradska 35, Desinič.
☎ 04 934 3001.
🕐 L-D: 10 h-24 h.
🖥 https://gresna-gorica.hr

ISTRIA Y KVARNER

Buzet

Toklarija (C)

Es uno de los restaurantes más prestigiosos de Istria. Se localiza en un viejo molino en pleno valle de Mirna. Es el lugar perfecto para degustar los variados platos basados en las trufas y las setas. Es recomendable reservar con antelación.

✉ Sovinjsko Polje, 11 (acceso desde la carretera principal entre Buzet y Motovun).
☎ 091 926 6769.
🕐 L-D: 13 h-22 h. M: cerrado.

Hum

Humska Konoba (M)

Restaurante rústico en Hum, el pueblo más pequeño del mundo. Entre sus especialidades se encuentra el *humska biska,* una especie de brandy casero.

✉ Hum, 2.
☎ 05 266 0005.
🕐 Jun-oct.: 11 h-22 h. Resto del año: S-D, 11 h-22 h.
🖥 https://humskakonoba. hum.hr

Precios

E = hasta los 15 €.
M = entre los 15 y 30 €.
C = más de 30 €

Los precios se refieren a una comida completa consistente en un entrante, un plato principal que generalmente va acompañado de verdura, un postre y la bebida, salvo que sea vino. El servicio está incluido en el precio, aunque nunca está de más dejar una pequeña propina. Los precios varían considerablemente en función de si el restaurante está en la costa, donde son más elevados, o en el interior, donde son más bajos.

El pescado fresco y el marisco es abundante, sobre todo en los restaurantes de la costa, aunque suele ser caro, y su precio se calcula al peso.

Es muy normal tomar vino en las comidas, aunque a veces los restaurantes sirven una curiosa mezcla consistente en agua y vino *(bevanda* o *gemsit),* que se suelen ofrecer por separado para que el cliente los mezcle por cuenta propia.

El pago con tarjeta de crédito no está tan extendido como en otros países europeos, y generalmente los pequeños y medianos restaurantes solo admiten dinero en metálico. Aunque esta tendencia está cambiando.

La cocina de Kvarner y las tierras altas

Esta región comprendida entre el monte Učka y el comienzo de Dalmacia cuenta con una de las gastronomías más variadas de todo el país. Son muchos los platos y productos que no se deben dejar de probar, como es el caso de las castañas de Lovran (*maruni*); las ancas de rana de Lokve; el *udič*, que es la pierna de cordero que se prepara en la isla de Cres; el lirón al carbón, una de las especialidades más antiguas de la región; la *mineštra* de Koromača, una densa sopa de vegetales aderezada con los aromas del hinojo; el *šurlice*, que es el tipo de pasta que se prepara en la isla de Krk; y los diferentes quesos de la zona como el *brobnički sir*, que se fabrica en los pueblos de alrededor de Grobnik, el queso *formajela* de la isla de Krk, y el *lički škripavac*, elaborado con leche de vaca u oveja bien sazonada.

Karojba

Agroturizam Tikel (M)

Cálido y familiar establecimiento rodeado de viñedos. La pasta casera con un baño de trufa blanca recién cogida es increíble. Se recomienda hacer hueco en el estómago y probar la carne.

- ✉ Špinovci, 88.
- ☎ 05 208 3404.
- 🌐 www.agroturizam-tikel.hr

Isla de Lošinj (Mali Lošinj)

Restaurant Artatore (M)

Local situado junto al mar cuya cocina se basa en platos de pescado fresco, mariscos y sabrosas carnes, acompañados siempre de pan recién hecho, aceite y vino de la tierra. No hay que dejar de probar sus postres: recomendables son la tarta de higos y el strudel de melocotón.

- ✉ Artatore, 132.
- ☎ 05 123 2932.
- 🕐 L-D: 10 h-24 h.
- 🌐 www.restaurant-artatore.hr

Motovun

Konoba Mondo (C)

Pequeño restaurante con una decoración cuidada al milímetro que se localiza en el principal paseo de Motovun. Los altos precios quedan justificados por su calidad

- ✉ Ulica Barbacan, 1.
- ☎ 05 268 1791.
- 🕐 X-D: 12:30 h-15:30 h y 18:30 h-22:30 h; L-M: 12:30 h-15:30 h.
- 🌐 https://konoba-mondo.com

Kaštel (M)

Restaurante del hotel homónimo. El menú, entre otras cosas, ofrece algunos platos no tan típicos en Istria, como el *frkanci* con carne de venado estofada.

- ✉ Trg Andrea Antico, 7.
- ☎ 05 268 1607.
- 🕐 L-D: 8 h-22 h.

Pod Voltom (M)

Local muy acogedor construido con ladrillo rojo y en forma de cueva. Sus especialidades son el carpaccio de carne con trufas y el *fuži* (pasta típica de Istria) con trufas.

- ✉ Trg Josefa Ressela, 6.
- ☎ 05 268 1923.
- 🕐 L-D: 11 h-22 h; X: cerrado.

Zigante Tartufi (C)

Toda su carta gira en torno a las posibilidades gastronómicas de las trufas. Se localiza unos 3 km al norte de Motovun, en el pueblo de Livade.

- ✉ Livade, 7.
- ☎ 05 266 4030.
- 🕐 Verano: 9 h-21 h. Resto del año: 10 h-20 h.
- 🌐 https://zigantetartufi.com

Opatija

Slatina (M)

Situado en el llamado Lungomare, entre Lovran y Opatija, es un restaurante especializado en comida local y cuenta con unas buenas vistas al Adriático.

- ✉ Maršala Tita 206, Ika.
- ☎ 05 127 1949.
- 🕐 L-D: 11 h-02 h.

Poreč

Konoba Daniela (M)

Situado a 4 km del centro de Poreč se ubica este restaurante rústico que sirve un excelente *steak tartar* y otras especialidades de la cocina de Istria.

- ✉ Veleniki 15a, Poreč.
- ☎ 052 46 0519.
- 🕐 L-D: 12 h-24 h.
- 🌐 https://konobadaniela.com

Peterokutna Kula (M)

Debido a su particular ubicación en el interior de una torre veneciana pentagonal del siglo xv, comer en este restaurante se ha convertido casi en una obligación para el turista. Excelentes platos de pescado o de carne a la brasa.

- ✉ Decumanus, 1.
- ☎ 05 245 1378.
- 🕐 L-D: 12 h-24 h.
- 🌐 www.kula-porec.com.hr

Pizzeria Nono (E)

Sus pizzas hechas en horno son de las más famosas de Croacia. También se pueden comer platos de pasta, *gnocchi*, ensaladas variadas y filetes.

- ✉ Zagrebačka, 4.
- ☎ 05 245 3088.
- ⏰ L-D: 12 h-24 h.

Pula

Valsabbion (C)

Este hotel restaurante es uno de los más exclusivos de Istria. Cocina de diseño y platos servidos con una cuidada presentación. El Valsabbion cuenta además con un spa.

- ✉ Pješčana Uvala, IX/26.
- ☎ 05 221 8033.
- ⏰ L-D: 10 h-24 h.
- 🖥 www.valsabbion.hr

Vela Nera (M)

Situado en el hotel del mismo nombre, en Šišan (cerca de Pula). Su especialidad son los pescados y mariscos, y el plato estrella el *risotto* con melocotón, langostinos y vino.

- ✉ Franje Mošnja, 3b. 52204 Šišan.
- ☎ 05 230 0621.
- ⏰ L-D: 8 h-24 h.
- 🖥 https://velanera.hr

Rovinj

La Puntulina (M)

Sirve el mejor pescado de la ciudad. Los rodaballos, los lenguados, las lubinas y las doradas son comprados a los pescadores de la zona.

- ✉ Ulica Svetog Križa, 38.
- ☎ 05 281 3186.
- ⏰ L-D: 12 h-24 h. X: cerrado.
- 🖥 https://puntulina.eu

Veli Jože (M)

Restaurante tradicional con platos típicos de la región en los que el pescado y las trufas están muy presentes. Dispone de una terraza con mesas y buenas vistas al Adriático.

- ✉ Svetoga Križa, 1.
- ☎ 05 281 6337.
- ⏰ Abr-dic.: 11 h-24 h.

Vodnjan

Vodnjanka (M)

Excelente restaurante de estilo rústico con un ambiente muy familiar. Su carta cuenta con la mayor parte de los platos típicos de la cocina de Istria, como el *fuži* con trufas, la *maneštra* y diferentes tipos de *fritaja*.

- ✉ Istarska, 22.
- ☎ 05 251 1435.
- ⏰ L-S: 11 h-23 h; D: solo en verano, 11 h-23 h.

Vrsar y Limski Kanal

Trošt (M)

Situado en la segunda planta del edificio de la marina, sirve uno de los mejores mariscos de la zona y cuenta con una terraza con vistas al mar.

- ✉ Obala Maršala Tita, 1a.
- ☎ 05 244 5197.
- ⏰ L-D: 12 h-23 h.
- 🖥 www.restoran-trost.hr

Žminj

Puli Pineta (M)

Acogedora *trattoria* en un entorno bucólico. Los platos son pequeños homenajes a la cocina local elaborados con ingredientes de la tierra: carnes, embutidos y un pan delicioso.

- ✉ Karlov Vrt, 1.
- ☎ 098 991 1795.
- ⏰ L-D: 16 h-22 h.

Dubrovnik

D'vino Wine Bar (M)

En este coqueto local de la ciudad amurallada se puede disfrutar de una copa de vino nacional acompañada de tapas con productos de la tierra.

- ✉ Palmotičeva, 4.
- ☎ 020 321 1230.
- ⏰ L-D: 10 h-24 h.
- 🖥 www.dvino.net

Kamenice (E)

Bar restaurante de aspecto sencillo pero frecuentado por los lugareños por sus deliciosas raciones de marisco. En la Plaza del Mercado cerca de la estatua de Gundulić.

El placer de las trufas de Istria

Con estos hongos ascomicetos ha existido tradicionalmente una especie de misteriosa aureola que ha provocado que no siempre hayan sido aceptados como un elemento más de la gastronomía local. El caso de Istria no es diferente, ya que no fue hasta principios del siglo xx cuando sus habitantes fueron conscientes de la delicatessen culinaria que escondían sus bosques. La península produce varios tipos de trufa de una excelente calidad que crecen prácticamente durante todo el año. Sin embargo, su tesoro más preciado llega al mercado en otoño, y no es otro que la trufa blanca *(Tuber magnatum)*, que puede alcanzar la friolera de 3.000 € por kilo. Aunque la trufa se da en muchos puntos de la geografía de Istria, el lugar en el que sus trufas gozan de mayor prestigio es el bosque de Motovun. Los platos tradicionales en los que la trufa está presente son muy simples, los más típicos son la tortilla con espárragos y trufas *(fritaja)*, o los platos de pasta como el *fuži* y los ñoquis *(gnocchi)*.

✉ Poljana Gundulíćeva, 8.
☎ 02 032 3682.
🕐 L-D: 7 h-23 h.

Komarda (C)
Un buen restaurante para disfrutar de la comida mientras se contempla la ciudad amurallada de Dubrovnik desde Ploče a orillas del Adriático. Su cocina es mediterránea: pescado, carne y quesos.
✉ Frana Supila, 6.
☎ 020 3 111 2393.
🕐 L-D: 8 h-2 h.
🌐 https://restaurant-komarda. com/

Lokanda Peskarija (E)
Marisquería muy popular entre los habitantes de Dubrovnik. Se localiza en el viejo puerto de Ploče. Se recomienda probar el pescado frito y el *risotto* con tinta de calamar. Está muy frecuentada: no es raro tener que esperar por una mesa libre.
✉ Na Ponti.
☎ 02 032 4750.
🕐 L-D: 8 h-02 h.
🌐 www.lokandapeskarija. com

Mea Culpa (E)
Es la pizzería de más éxito en la ciudad vieja. Cuenta con mesas en el interior y en la calle, así como una pequeña barra de bar de madera con grifos de cerveza. Dispone de horno de *kebab*.
✉ Za Rokom, 3.
☎ 02 032 3430.
🕐 L-D: 8 h-01 h.
🌐 https://meaculpa-pizzeria. com/

Nautika (C)
Junto a la Puerta de Pile, en la antigua academia náutica, se ubica esta innovadora marisquería que destaca por sus limpieza y sus productos frescos. Tiene terraza con buenas vistas al mar.
✉ Brsalje, 3.
☎ 02 044 2526.
🕐 L-D: 12 h-24 h.
🌐 www.nautikarestaurants. com

Restaurant Orsan (M)
Ubicado en el puerto deportivo del mismo nombre en la zona de Lapad. El que viene aquí sabe qué va a comer: pescado cocinado de varias maneras.
✉ Ivana Zajca, 2.
☎ 02 043 6822.
🕐 L-D: 8 h-24 h.
🌐 www.restaurant-orsan-dubrovnik.com

Sesame (M)
A tan solo 150 m de la Puerta de Pile, se ubica en una casa familiar con más de 200 años de antigüedad. Dispone de una variada gama de platos que incluyen mariscos, carnes, ensaladas, pasta y pescados.
✉ Dante Alighieria, bb.
☎ 02 041 2910.
🕐 L-D: 8 h-24 h.

DALMACIA
Brač

Bistro Palute (E)
Local muy frecuentado por los lugareños en el que se sirven copiosos platos de pescado. Una de sus especialidades más destacadas es la *janjetina* (cordero a la brasa con patatas).
✉ Porat 4, Supetar.
☎ 02 163 1730.
🕐 L-D: 8 h-2 h.

Vladimir Nazor (M)
Situada en la cima del Vidova Gora, el pico más alto de las islas del Adriático. Las vistas a la playa de Zlatni Rat mientras se disfruta de un cordero asado y un buen vino justifican la subida hasta esta *konoba*.
✉ Vidova Gora.
☎ 02 154 9061.
🕐 Abr-oct.: 10 h -24 h.

Cavtat

Kanoba Galija (C)

En el paseo marítimo, es con diferencia el mejor restaurante de Cavtat. La comida es excelente y el servicio muy atento. Los precios son algo elevados, pero quedan justificados por la calidad de sus productos.

- ✉ Vuličevićeva, 1.
- ☎ 02 047 8566.
- ⏰ L-D: 11 h-24 h.
- 🌐 www.galija.hr

Hvar

Arsenal (M)

Taberna ubicada en un antiguo almacén de barcos del siglo XVIII, en el pueblo de Jelsa. El grueso de su carta está copado por pescados y mariscos, aunque también cuenta con buenas carnes.

- ✉ Mala Banda, Jelsa.
- ☎ 02 176 2000.
- ⏰ 11 h-15 h.

Buffet Dorde Pošteni (E)

Es una de las muchas pizzerías que hay en la plaza, que casi siempre llena. Un buen lugar para tomar algo rápido mientras se disfruta del trasiego veraniego de la capital de Hvar.

- ✉ Trg Sv Stjepana 13, Hvar town.
- ☎ 02 174 1138.
- ⏰ L-D: 10 h-24 h.

Eremitaž (M)

Se localiza al norte del puerto de Stari Grad (antigua Pharos). Comparte edificio con el Zrin Buffet, otro restaurante recomendable. Su especialidad son los pescados y mariscos a la parrilla. Cuenta con una terraza con una buena sombra.

- ✉ Put Rudine, 2.
- ⏰ L-D: 10 h-24 h.

Konoba Menego (M)

Restaurante rústico que sirve exclusivamente especialidades frías de la cocina dálmata, como quesos de cabra, de oveja, jamón ahumado, panceta, diferentes especialidades de pan casero, etc.

- ✉ Groda, Hvar.
- ☎ 02 171 7411.
- ⏰ Abr-oct.: 12 h-14 h y 17 h-22 h.
- 🌐 www.menego.hr

Palača Paladini (C)

Ubicado en un palacio renacentista del siglo XVI, es uno de los restaurantes más prestigiosos de la ciudad. Los pescados y mariscos se preparan a fuego lento con gran dedicación. Cuenta con un hermoso patio con naranjos y limoneros.

- ✉ Ulica Petra Hektorovića 4, Hvar town.
- ☎ 02 174 2104.
- ⏰ L-D: 10 h-13 h y 17:30 h-20:30 h.

Zlatna Školjka (C)

Refinado restaurante ubicado en una mansión del siglo XIII, a tan solo 20 m de la plaza principal de Hvar. Los platos están sumamente elaborados y el servicio es excelente.

- ✉ Ulica Petra Hektorovića 8, Hvar town.
- ☎ 098 917 7386.
- ⏰ 12 h-15 h y 19 h-23 h.

Korčula

Konoba Adio Mare (M)

Restaurante situado en la planta baja de una vieja casa. Se compone de bancos y mesas de madera y de un gran horno en el que los clientes pueden ver cómo se elaboran los platos. Bastante concurrido, mejor reservar.

- ✉ Ulica Svetog Roka 2, Korčula.
- ☎ 02 071 1253.
- ⏰ L-D: 17:30 h-24 h.
- 🌐 www.konobaadiomare.hr

Planjak (E)

Especializado en carnes a la brasa, como los ćevapčići y los raznjici (una mezcla entre kebabs y pinchos morunos). Sirven buenas jarras y vinos. Situado a escasos metros de la terminal de ferris.

- ✉ Plokata 21, Korčula.
- ☎ 02 071 1015.
- ⏰ L-D: 10 h-24 h.

Alimentos del mar

A lo largo de toda la costa Adriática, desde Istria hasta Dubrovnik, se suceden una gran cantidad de restaurantes que sirven una amplia gama de pescados y mariscos. El pescado se puede servir a la parrilla (žaru), al horno (pecnici) o hervido (lešo). Los pescados más sabrosos son: el gallo (kovač), la lubina (lubin), el besugo (orada) y el pez escorpión (škrpina). Igualmente apetecibles, aunque más económicos para el bolsillo, son la merluza (oslić), el calamar a la parrilla (lignje na žaru), y algunos pescados azules (plava riba) como las anchoas y la caballa. El pescado se cobra al peso, y suele costar entre 26 y 40 € por kilo, por lo general una ración para una persona suele ser de 500 gr. Lo más recomendable es preguntar al personal del restaurante sobre los pescados frescos que disponen y dejarse llevar por sus recomendaciones. Respecto al marisco, la costa croata tiene delicatessen como los cangrejos, las ostras, los mejillones, los bogavantes, los langostinos y las gambas. Como es lógico los precios son bastante elevados, pero la calidad muy alta.

Las carnes croatas

Los platos de carne en Croacia suele presentar chuletas *(kotlet)* o filetes *(odrezak)*, hechos a la parrilla o fritos en la sartén. Generalmente son de carne de cerdo y de ternera y se suelen preparar de diferentes maneras: a la parrilla *(na žaru)*, fritos con migas de pan *(bečki odrezak)*, rebozados *(pariški odrezak)* o rellenos de jamón y queso *(zagrebački odrezak)*. Casi todas las cartas de los restaurantes ofrecen parrilladas mixtas *(mješano meso)* que incluyen diferentes tipos de carne. La carne de cordero se preparar asándola a fuego lento, y respecto a las aves de corral, el plato más común es el pavo con pasta.

Parque Nacional Krka (Nacionalni Park Krka)

Kristijan (E)
Sencillo restaurante situado junto a las cascadas de Roski Slap, la segunda atracción más popular del río Krka. Muchas excursiones hacen una parada en este local para comer o tomar un aperitivo.
- ✉ Roški Slap.
- 🕐 Abr-oct.:10 h-24 h.

Murter

Barbara (M)
Agradable restaurante que cuenta con una gran terraza en un jardín. El tipo de cocina es una mezcla de platos croatas y especialidades italianas. Su pizza Kornati, es su pieza gastronómica más carismática.
- ✉ Luke bb, Murter.
- ☎ 02 243 4099.
- 🕐 Jun-sep.: L-D, 10 h-24 h.
- 🏠 www.bonummurter.hr

Konoba Levrnaka (M)
Restaurante propiedad de los Ježina, una importante familia de pescadores en los que desde 1994 también se dedica a la hostelería. Sirven el pescado fresco y algunos platos elaborados al modo tradicional de Kornati.
- ✉ Put Jersan 3, Murter.
- ☎ 09 143 5777.
- 🕐 May-nov.: L-D, 10 h-24 h.
- 🏠 www.konoba-levrnaka.hr

Tic-Tac (M)
La cocina es una mezcla de platos marineros en los que el marisco está muy presente, recetas italianas y cocina dálmata propiamente dicha. Se localiza al norte de Murter.
- ✉ Hrokešina 5, Murter.
- ☎ 09 886 4619.
- 🕐 L-D: 12 h-24 h.
- 🏠 www.tictac-murter.com

Parque Nacional Mljet (Nacionalni Park Mljet)

Mali Raj (M)
Su nombre significa "pequeño paraíso", y su emplazamiento a orillas del lago Veliko Jezero lo justifica. Especializado en cocina dálmata, carnes y pescados a la parrilla.
- ✉ Babine Kuće, 3.
- ☎ 02 074 4115.
- 🕐 May-sep.: 10 h-22 h.

Pelješac

Kapetanova Kuća (C)
Restaurante inaugurado en 1986 propiedad de la familia Kralj, una de las más importantes de Mali Ston. Esta región es conocida por sus excelentes ostras y sus vinos de calidad. Es por ello el mejor lugar de la ciudad para disfrutar de estos dos manjares.
- ✉ Mali Ston.
- ☎ 02 075 4555.
- 🕐 L-D: 9 h-24 h.
- 🏠 www.ostrea.hr

Split

Konoba Matejuska (E)
Este pequeño y acogedor restaurante decorado todo de madera sirve el mejor pescado y marisco de toda la ciudad. Una experiencia gastronómica muy placentera en Split.
- ✉ Tomica Stine, 3.
- ☎ 02 132 1086.
- 🕐 L-D: 11 h-23:30 h.
- 🏠 www.konobamatejuska.hr

Konoba Hvaranin (E)
Esta modesta *konoba* tradicional situada en el barrio de Varoš, destila nostalgia de tiempos pasados. El pescado fresco y los platos caseros son su signo distintivo, el *risotto* blanco merece una mención aparte.
- ✉ Ulica Ban Mladenova, 9.
- ☎ 091 767 5891.
- 🕐 L-D: 11 h-24 h.

Kantun Paulina (E)
Se trata de un quiosco de comida rápida. Su plato estrella es el *čevapi* (una especie de *kebab*), y aunque no tiene mesas ni sillas, es una buena solución para presupuestos ajustados o también para turistas que prefieren tomar algo rápido.
- ✉ Matošića, 1.
- ☎ 02 139 5973.
- 🕐 L-S: 8 h-23:30 h; D: 10 h-23:30 h.

Kod Joze (M)
Otra *konoba* tradicional situada en una céntrica calle, junto a la Puerta de Plata, con un ambiente muy acogedor y pintoresco. Los pes-

cados y mariscos son frescos y de calidad, y la cocina es artesanal. Es recomendable probar la pasta verde con marisco.

☒ Sredmanuška, 4.
☎ 02 134 7397.
🕐 L-D: 12 h-24 h.

Lučica (E)

Sencillo restaurante de comida tradicional con una buena relación calidad-precio. Está situado en la Marina Spi-nut, en el lado norte del monte Marjan.

☒ Lučica, 7.
☎ 02 138 6763.
🕐 L-D: 8 h-24 h.
🖥 https://restoranlucica.com

Varoš (M)

Esta *konoba* situada en el distrito de Varoš, no muy lejos del centro, destaca por su decoración con motivos marineros como las redes de pescadores que cuelgan de las paredes. Los platos de cordero y ternera al horno son espectaculares.

☒ Ulica Ban Mladenova, 7.
☎ 02 139 6138.
🕐 L-D: 11 h-24 h.
🖥 www.konobavaros.com

Trogir

Alka (M)

Uno de los mejores y más antiguos restaurantes de Trogir, localizado en una tranquila plaza en pleno corazón de la ciudad vieja. Las carnes, y en especial el escalope al estilo de Dalmacia en salsa, son especialidades muy solicitadas.

☒ Augustino Kažotića, 15.
☎ 02 188 1856.
🕐 L-D: 10 h-24 h.
🖥 www.restaurant-alka.hr

Fontana (M)

Restaurante del hotel homónimo. Su interior es tan agradable como la terraza exterior con vistas a la Riva. Sus platos más destacados son el arroz negro con chipirones y la ensalada de pulpo.

☒ Trogir Obrov, 1.

☎ 02 188 5744.
🕐 L-D: 7 h-24 h.

Vis

Pojoda (M)

Este restaurante es famoso y reconocido por su alta cocina creativa y sus diferentes entrantes. Agradable jardín con naranjos y limoneros, y una panorámica desde el comedor de la segunda planta.

☒ Don Cvijetka Marasovića 8, Kut.
☎ 02 171 1755.
🕐 Verano: 12 h-15 h y 17 h-01 h. Invierno: 17 h-24 h.

Villa Kaliopa (C)

Restaurante situado en el Palacio Garibaldi del siglo XVI, a medio camino entre la ciudad vieja y Kut. Sirve excelentes pescados y mariscos. Para acompañar se puede degustar *vugava*, el elaborado vino de Vis que ya fabricaban los antiguos griegos en tiempos de Issa y que tanto renombre posee. En la terraza ajardinada se puede degustar sus platos entre palmeras.

☒ Ulica Vladimira Nazora 32, Vis.
☎ 02 171 1755.
🕐 Verano: L-D, 12 h-15 h y 17 h-02 h.

Los vinos croatas

La producción de vino en Croacia se remonta al siglo V a.C., época en la que los colonos griegos crearon los primeros viñedos en la costa dálmata. Desde entonces el negocio de la vid no ha parado de incrementarse. Se producen más de 700 tipos de vino diferentes, algunos de ellos de excelente calidad.

Los croatas tienen la costumbre de diluir algunos vinos con agua, la llamada *bevanda,* una práctica que en la región de Eslavonia se conoce como *gemist.* Un 67% de los vinos croatas son blancos y se elaboran en el interior, mientras que un 32% son vinos tintos producidos en las regiones costeras. Los rosados son muy raros de ver.

Los mejores vinos del norte del país son el *cabernet* de Poreč, el *zlahtina* de la isla de Krk, y el *sauvignon, merlot* y *terrano* de Buzet. En la costa Dálmata, los mejores vinos son el *dingac* y *postup* de la Península de Pelješac, el *vugava* de la isla de Vis, el *plavac* de Bol en la isla de Brač, el *malmsy* de Dubrovnik, el *babic* de Primošten, y el *posip* y *grg* de la isla de Korčula.

Alojamientos

Zagreb

Dubrovnik (C)
Emplazado en un innovador edificio de cristal construido en 1929. Algunas de sus habitaciones dan a la plaza Ban Jelačić.
- ✉ Ulica Ljudevita Gaja, 1.
- ☎ 01 487 3555.
- 🖰 www.hotel-dubrovnik.hr

Hotel President Pantovcak (M)
Hotel boutique a las afueras. Es un alojamiento tan estiloso como lujoso en el que conviven un jardín con espacios repletos de arte moderno y antigüedades. Cada habitación está decorada de una manera, todas de estilo nórdico.
- ✉ Pantovčak, 52.
- ☎ +385 1 488 1480.
- 🖰 www.president-zagreb.com

Ilica (M)
Las habitaciones son pequeñas pero su céntrica ubicación en la calle comercial de la ciudad y su precio lo convierten en una buena opción.
- ✉ Ilica, 102.
- ☎ 01 377 7522.
- 🖰 www.hotel-ilica.hr

International Zagreb (M)
Elegante y espacioso hotel con 207 habitaciones, entre las que se incluyen 9 suites. Muy cerca de la zona centro y cuenta con bar y restaurante.
- ✉ Miramarska, 24 .
- ☎ 01 610 8800.
- 🖰 www.maistra.com/hr

Jaegerhorn (E)
Céntrico hotel en la calle con más tiendas de la ciudad, muy cerca de la plaza principal. Las habitaciones son cómodas y están decoradas con gusto. Cuenta con un restaurante con terraza.
- ✉ Ilica, 14.
- ☎ 01 483 3877.
- 🖰 www.hotel-jagerhorn.hr

Palace (C)
Este elegante hotel es el más antiguo de la ciudad ya que fue abierto al público en 1891. De estilo palaciego, cuenta con 121 habitaciones y 3 suites, un restaurante con platos muy variados y una cafetería con terraza con vistas a la Plaza Strossmayerov.
- ✉ Strossmayerova Trg, 10.
- ☎ 01 489 9600.

- 🖰 www.palace.hr

Regent Esplanade (C)
Es el hotel más lujoso de Zagreb. Construido en 1925 para servir de alojamiento a los pasajeros del Orient Express, reabrió sus puertas en 2004. Dispone de 209 habitaciones muy amplias y con una magnífica decoración.
- ✉ Mihanovikeva, 1.
- ☎ 01 456 6666.
- 🖰 www.esplanade.hr

Sliško (M)
Sus habitaciones son sencillas pero muy cómodas. Muy bien localizado al lado de la estación central de autobuses y trenes.
- ✉ Buničeva, 13.
- ☎ 01 618 4777.
- 🖰 www.slisko.hr

Swanky Mint Hostel (E)
Albergue de diseño ubicado en lo que antes fue una tintorería y talleres textiles. Se ubica en el centro de la ciudad. El albergue dispone de dormitorios, habitaciones privadas y un bar con terraza y jardín. Un buen lugar para desconectar y conocer a otros turistas.
- ✉ Ilica, 50.
- ☎ +385 1 400 4248.
- 🖰 https://stayswanky.com

Vila Tina (M)
Situado en las cercanías del Maksimir Park. Fue inaugurado en 1998 y desde su apertura no ha dejado de mejorar día a día hasta convertirse en el estiloso hotel que es hoy en día.
- ✉ Bukovačka Cesta, 213.
- ☎ 01 244 5138.
- 🖰 www.hotelvilatina.hr

City Design Hostel (E)
Albergue moderno y con buenas instalaciones. Está algo alejado del centro pero muy bien comunicado con

Turismo Rural

Parece que los intentos de los últimos tiempos por fomentar el turismo rural en el norte de Croacia comienzan a dar sus frutos. Bajo el nombre de *agroturizam* (turismo agrícola), se ha ido animando a muchos propietarios de casas de campo a acondicionar estas con el fin de acoger turistas en zonas generalmente alejadas del turismo de masas de la costa, y al mismo tiempo ofrecerles su gastronomía y productos locales. Actualmente la zona que presenta un mayor desarrollo en este tipo de turismo es el interior de Istria, que además cuenta en Internet con una página actualizada con algunos de los alojamientos rurales más destacados de la región (www.istra.hr).

Otras regiones que cada vez están más desarrolladas en esto del *agroturizam* son Zagorje, al norte de Zagreb; todo el entorno del Parque Nacional de los Lagos de Plitvice; y los pueblos de Čigoč y Bilje, en pleno Parque Natural de Lonjsko Polje.

el aeropuerto. Dispone de aparcamiento gratuito. Cada dormitorio tiene el nombre de una ciudad. En lugar de literas hay camas y en todo el recinto hay wifi. A tener en cuenta que las paredes son de cristal traslúcido por lo que apenas hay privacidad.

- ✉ Zagrebacka Avenija, 104.
- ☎ 01 640 4444.

CROACIA INTERIOR

Parque Nacional Kopački Rit (Pirode Kopački Rit)

Apartment Corina (E)
A tan solo a 3 km de la entrada al Parque Natural Kopački Rit, en el encantador pueblo de Bilje, se ubican estos sencillos apartamentos con jardín y todo tipo de comodidades: TV, aire acondicionado, escritorio, nevera...

- ✉ Tina Ujevica 11, Bilje.
- ☎ 95 923 8999.

Lonjsko Polje

Tradicije Čigoč (E)
Alojamiento situado en una idílica casa de madera de tres plantas en el bello pueblo de Čigoč. Consta de tres habitaciones decoradas con muebles antiguos. Asimismo dispone de un excelente restaurante con mucha fama en el pueblo y una zona de acampada.

- ✉ Čigoč, 7a.
- ☎ 04 471 5124.
- ⌂ www.tradicije-cigoc.hr

Ravlić (E)
Acogedor alojamiento en la planta alta de una casa de labranza con vistas al río. Excelente cocina casera. Los baños se encuentran en el exterior.

- ✉ Mužilovčica, 72.
- ☎ 04 471 0151.

Osijek

Osijek (C)
Este hotel de cuatro estrellas es uno de los mejores de la ciudad. Tiene todo tipo de servicios incluyendo un centro de fitness. Es reconocible por su altura y su estructura de cristal que domina el skyline del puerto.

- ✉ Šamačka, 4.
- ☎ 03 123 0333.
- ⌂ www.hotelosijek.hr

Lagos de Plitvice (Plitvička Jezera)

Jezero (M)
Situado a tan solo 300 m del lago más grande (Kozjak). Es el más grande de los hoteles que hay en el parque, y todas sus habitaciones cuentan con TV satélite, teléfono y conexión a internet.

- ✉ Plitvička Jezera.
- ☎ 05 375 1500.
- ⌂ www.np-plitvicka-jezera.hr

Samobor

Livadič (E)
En pleno corazón de Samobor se sitúa este agradable y cuidado hotel en el que todas sus habitaciones están equipadas con baño con ducha, TV satélite y teléfono. Tiene una capacidad para 19 personas.

- ✉ Trg Kralja Tomislava, 1.
- ☎ 01 336 5850.
- ⌂ www.hotel-livadic.hr

Varaždin

Maltar (E)
Es un pequeño hotel familiar situado en el centro de la ciudad que dispone de habitaciones muy sencillas y cómodas.

- ✉ Prešernova, 1.
- ☎ 04 231 1100.
- ⌂ www.maltar.hr

Turist (E)
Este hotel de tres estrellas es la mejor opción en la ciudad. Sus más de 100 habitaciones cuentan con baño privado, TV por cable, un moderno mobiliario, teléfono y mini bar. Muy céntrico.

- ✉ Aleja Kralja Zvonimira, 1.
- ☎ 04 239 5395.
- ⌂ www.hotel-turist.hr

Vukovar

Lav (M)
Es uno de los edificios con más historia de Vukovar. Destruido durante la guerra de los Balcanes abrió sus puertas de nuevo al público en 2005. Sus cuatro estrellas le convierten en el mejor hotel de la ciudad. Algunas de sus habitaciones dan al Danubio.

- ✉ Strossmayera, 18.
- ☎ 03 244 5100.
- ⌂ www.hotel-lav.hr

Zagorje (región)

Dvorac Bežanec (M)
Este alojamiento rural a las afueras de Pregrada es uno de los más selectos en la región de Zagorje. Ubicado en un castillo del siglo XVII, dispone de unas habitaciones minuciosamente decoradas con muebles antiguos.

- ✉ Valentinovo 55, Pregrada.
- ☎ 04 937 6800.
- ⌂ hotel-dvorac-bezanec.hr

Lojzekova Hiža (E)

Hotel rural ubicado en un paisaje inigualable de bosques, praderas y lomas. Las habitaciones se ubican en los pisos altos de una acogedora casa de campo de madera. La gastronomía es exquisita.

- ✉ Gusakovec, 116 (señalizado en la carretera que une de Marija Bistrica con Donja Stubica).
- ☎ 04 946 9325.
- 🌐 https://lojzekova-hiza.eu

ISTRIA Y KVARNER

Islas Brijuni

Neptun (M)

Se localiza en el puerto de la isla de Veliki Brijun. Cuenta con 73 habitaciones muy espaciosas y perfectamente equipadas.

- ✉ Veli Brijuni.
- ☎ 05 252 5100.
- 🌐 www.np-brijuni.hr

Karojba

Agroturizam Tikel (M)

Cálido establecimiento rodeado de viñedos. En la planta que hay encima del restaurante hay dos apartamentos. Es un lugar ideal para disfrutar del campo, de la tranquilidad y el silencio de la zona. No se debe dejar de probar la comida casera con el ingrediente estrella: la trufa blanca.

- ✉ Špinovci 88.
- ☎ +386 5 268 3404.

Lošinj

Wellness Hotel Aurora (C)

Complejo hotelero vacacional próximo a Mali Lošinj. Entre sus instalaciones destaca su centro de bienestar con aguas termales y zona de masajes.

- ✉ Špinovci, 88.
- ☎ 05 208 3404.
- 🌐 www.agroturizam-tikel.hr

Parque Nacional Mljet (Nacionalni Park Mljet)

PineTree Boutique Apartments (M)

Apartamentos ubicados en la bahía de Saplunara, en el extremo sur de la isla de Mljet. Son doce apartamentos con balcones y/o terrazas con vistas al mar. Entre sus instalaciones destaca su piscina infinita frente a la bahía. Debajo de los mismos apartamentos hay un buen restaurante.

- ✉ Saplunara, 17.
- ☎ +385 99 591 0024.
- 🌐 https://pinetreemljet.com

Motovun

Kaštel (M)

Este elegante hotel domina la ciudad desde lo alto de una colina. Las vistas de Motovun, del valle del Mirna y de los alrededores de Istria justifican pasar la noche en el Kaštel.

- ✉ Trg Andrea Antico, 7.
- ☎ 05 268 1607.
- 🌐 www.hotel-kastel-motovun.hr

Roxanich Wine and Heritage Hotel (C)

Hotel boutique vinculado con el mundo del vino. Cuenta con diferentes tipos de habitaciones, incluidas varias suites. Piscina, spa y el restaurante.

- ✉ Kanal, 30.
- ☎ +385 5 220 5700.
- 🌐 www.roxanich.com

Opatija

Hotel Navis (C)

Hotel de una arquitectura sorprendente ubicado en un lugar privilegiado, junto al mar. Dispone de restaurante, spa y cargador para coches eléctricos.

- ✉ Ivana Matetića Ronjgova, 10.
- ☎ +385 5 144 4600.
- 🌐 https://hotel-navis.hr

Kvarner-Amalia (C)

Se trata del hotel más antiguo de Opatija con más de 125 años de historia. Su decoración es elegante. Cuenta con una terraza de verano y un hermoso huerto. Abierto todo el año.

- ✉ Ulica Tomašića, 2.
- ☎ +385 5 171 0444.
- 🌐 https://www.liburnia.hr/en/hotel-kvarner

Mozart (C)

En pleno centro de Opatija se localiza este elegante hotel, muy frecuentado por turistas adinerados y hombres de negocios. Cuenta con un piano bar de estilo vienés donde en ocasiones se interpretan piezas de Mozart y otros clásicos.

- ✉ Šetalište Maršala Tita, 138.
- ☎ 05 171 8260.
- 🌐 www.hotel-mozart.hr

Campings

Croacia cuenta con más de 520 campings, la mayoría se concentran en las regiones costeras, principalmente en Istria y el sur de Dalmacia, el interior del país dispone de un menor número de instalaciones para los campistas. Entre estos campings, unos 200 son miembros de la KUH (Kamping udruženje Hrvatske - Asociación de Campings Croatas), que suele contar con los mejores del país, entre los que se incluyen un buen número de campings única y exclusivamente naturistas. Todos los campings cuentan con agua caliente, duchas y baños, y la mayoría disponen además de piscina y restaurante. Generalmente abren entre abril y octubre, aunque existen algunas excepciones. Hay que destacar asimismo la presencia de un buen número de campings exclusivamente naturistas. La acampada libre está totalmente prohibida en todo el país.
El camping es el modo de alojamiento más económico en Croacia y los precios van desde los 10 € que suele costar uno de una o dos estrellas, hasta los 30 € que pueden valer los de las cinco estrellas.

Villa Ariston M

Majestuoso hotel a las afueras de la ciudad que cuenta con un gran jardín de flores. Desde el siglo XIX esta villa solariega ha sido frecuentada por aristócratas y famosos.

✉ Šetalište Maršala Tita, 179.
☎ 05 127 1379.
🖰 www.villa-ariston.hr

Poreč

Valamar Isabella (C)

Situado en la boscosa isla de Sveti Nikola, a unos 500 m de Poreč. Es un lugar ideal para relajarse. Dispone de actividades de entretenimiento.

✉ Otok Sveti Nikola.
☎ 05 2 465 000.
🕑 Abr-oct.
🖰 www.valamar.com

Valamar Rivera Hotel & Residence (M)

Pequeño hotel junto al paseo marítimo. Habitaciones renovadas con algunas que tienen vistas al puerto. Es uno de los pocos hoteles de Poreč que abre todo el año.

✉ Obala Maršala Tita, 15.
☎ 05 246 5000.
🖰 www.valamar.com

Pula

Guest House Rivijera (M)

Edificio de cinco plantas de estilo de finales de siglo que tiene unas bonitas vistas al centro histórico y al puerto, que queda enfrente del hotel. Se localiza junto al anfiteatro romano y abre todo el año.

✉ Splitska, 1.
☎ 05 221 1166.
🖰 www.arenahotels.com

Scaletta (M)

En pleno centro de la ciudad, muy cerca del anfiteatro romano, se localiza este hotel de 12 habitaciones restauradas recientemente. Cuenta con un restaurante con terraza en verano.

✉ Flavijevska, 26.
☎ 05 254 1025.
🖰 www.hotel-scaletta.com

Rab

Carolina (M)

Situado en un paraje excepcional junto al mar. Habitaciones y 8 suites bien equipadas. Piscina y cafetería.

✉ Kampor 22, Rab.
☎ 05 172 4133.
🖰 www.valamar.com

Rijeka

Botel Marina (E)

Un ferri de 1936 convertido en un hotel amarrado en el muelle de Rijeka. Los camarotes se han convertido en habitaciones sencillas pero cómodos. En la cubierta hay un restaurante

✉ Adamićev gat.
☎ +385 5 141 0162.
🖰 www.botelmarina.com

Rovinj

Istra (C)

En la isla de Sveti Andrija, a 10 minutos en barco desde Rovinj. Tanto el hotel como la isla son un auténtico oasis de paz.

✉ Crveni Otok 1, Rovinj.
☎ 05 280 0250.
🕑 Abr-oct.
🖰 www.maistra.com

Katarina (C)

Este hotel de propiedad alemana se localiza en la isla de Sveti Katarina, la segunda más grande del archipiélago de Rovinj. Cuenta con más de 120 plazas.

✉ Otok Sveti Katarina.
☎ 05 280 0250.
🕑 Abr-oct.
🖰 www.maistra.com

Lone Hotel (C)

Hotel de cinco estrellas a orillas del mar Adriático. Sus habitaciones son un buen ejemplo de la armonía entre la funcionalidad y la elegancia. Suites con jacuzzi en la terraza.

✉ Luje Adamovića, 31.
☎ 05 2 800 250.
🖰 www.lonehotel.com

Villa Angelo d'Oro (C)

Ubicado en un palacio arzobispal del siglo XVII, cuenta con

Alojamientos privados

Hospedarse en un alojamiento privado es una de las opciones más populares en Istria y en toda la costa croata, si bien es cierto que en Zagreb y el interior de Croacia este tipo de alojamiento está menos extendido.

Generalmente los dueños del alojamiento aguardan al turista en las estaciones de tren y autobús para ofrecerle las dos opciones típicas de hospedaje: la habitación *(sobe)* o el apartamento *(apartmani)*. Los apartamentos son la mejor opción para familias o grupos numerosos, ya que el precio por persona se reduce considerablemente. Además, en muchas ocasiones las familias cocinan para sus huéspedes y organizan excursiones muy personalizadas a los lugares de interés. Es un modo muy bueno de conocer mejor a los croatas e integrarse en su cultura y costumbres.

Faros

Durante los últimos tiempos se han ido rehabilitando y acondicionando para alojar a turistas una serie de faros a lo largo de la costa croata. En Istria están el faro de Savudrija, Rt Zub, Sv. Ivan y Porer. El resto están en la costa dálmata y en islas del Adriático: Veli Rat, Prišnjak, Sv. Petar, Plocica, Struga, Sušac y Palagruza. La mayor parte de los faros dispone de un farero que se ocupa de su mantenimiento y cuentan con cobertura para el móvil, duchas con agua caliente, televisión vía satélite, y cocina con nevera y fregadero, aunque tendremos que encargarnos de llevar nuestros propios alimentos. Si se pretende alquilar algún faro en invierno se recomienda aquellos que tienen calefacción (Savudrija, Rt Zub, Struga y Veli Rat). Las reservas se pueden hacer a través de esta dirección: info@ adriatica.net, y en esta web: www.uniline.hr

24 habitaciones decoradas con piezas muy valiosas. Vistas al mar, al jardín del hotel y a la catedral.
- ✉ Via Svalba, 38-42.
- ☎ 05 285 3920.
- 🌐 www.angelodoro.com

Villa Valdibora (C)

Cuatro lujosos apartamentos que tienen una cuidada decoración con muebles antiguos y piezas de arte. Se localiza en una mansión barroca del siglo XVII en pleno corazón de la ciudad vieja.
- ✉ Chiurco Silvano, 8.
- ☎ 05 284 5040.
- 🌐 www.villavaldibora.com

Vodnjan

Stancija Negričani (M)

Granja con más de 30.000 m^2 situada en medio del campo, en un lugar idílico para los amantes de la naturaleza. Diez amplias habitaciones.Piscina en los jardines y exquisita comida casera.
- ✉ Situado en la carretera entre Vodnjan y Barban.
- ☎ 05 239 1084.

Vrsar

Pineta (M)

Hotel de cuatro estrellas. Habitaciones un poco anticuadas, pero el servicio es más que correcto. Destaca por su ubicación al lado del mar y del centro comercial. Dispone de piscina, sauna y gimnasio.
- ✉ Pineta, 1.
- ☎ 05 280 0250.

DALMACIA
Dubrovnik

Grand Villa Argentina (C)

Numerosas personalidades han pasado por este hotel, posiblemente el más elitista de la ciudad. Spa, una gran sala de conferencias, tres restaurantes y playa privada.
- ✉ Frana Supila, 14.
- ☎ 02 044 0555.
- 🌐 www.adriaticluxuryhotels.com

Hotel Bellevue (C)

Un hotel boutique a la altura del entorno en el que se encuentra. Su playa privada es un extra más de los muchos que ofrece. Habitaciones con unas vistas que a uno le hacen creer que el Adriático le pertenece.
- ✉ Pera Čingrije, 7.
- ☎ 020 2 033 0000.
- 🌐 www.adriaticluxury hotels.com

Hilton Imperial (C)

Es uno de los hoteles con más historia de la ciudad. Tras ser parcialmente destruido durante la guerra de los Balcanes fue inaugurado en 2005. A menos de 100 m de la Puerta de Pile. Su precio está justificado.
- ✉ Marijana Blazica, 2.
- ☎ 02 032 0320.
- 🌐 www.hilton.com

Lapad (C)

Frente al puerto de Gruž mezcla estilos clásicos y venecianos. Habitaciones impolutas y una sensacional piscina. Muy buena comunicación con la Ciudad Vieja tanto en barco como en bus.
- ✉ Lapadska Obala, 37.
- ☎ 02 045 5555.
- 🌐 www.hotel-lapad.hr

Pucić Palace (C)

Este lujoso hotel construido en un viejo caserón barroco del siglo XVII se localiza en la Plaza del Mercado en plena ciudad vieja. Sus 17 habitaciones y dos suites.
- ✉ Od Puća, 1.
- ☎ 02 032 6222.
- 🌐 www.thepucicpalace.com

Stari Grad (C)

Situado dentro de las murallas, muy próximo a la Puerta de Pile, esta antigua casa perteneciente a la aristocracia croata, es hoy un elegante alojamiento compuesto de ocho habitaciones con una terraza y magníficas vistas a los tejados de la Ciudad Vieja de Dubrovnik.
- ✉ Od Sigurate, 4.
- ☎ 02 032 2244.
- 🌐 www.hotelstarigrad.com

Villa Dubrovnik (C)

Situado a 2 km del centro de Dubrovnik, cuenta con playa privada y servicio de barcas hacia la Ciudad Vieja.

✉ Ulica Vlaha Bukovca, 6.
☎ 02 050 0300.
🖥 www.villa-dubrovnik.hr

Brač

Kaštil (M)

Junto al mar en una de fortaleza que perteneció a una familia aristócrata. A unos 2 km de la playa de Zlatni Rat.

✉ Frane Radika 1, Bol.
☎ 02 163 5995.
🖥 www.kastil.hr

Cavtat

Croatia (C)

En la Península de Sustjepan. Cuenta con todo tipo de comodidades que incluyen un spa, restaurantes y playas privadas.

✉ Frankopanska, 10.
☎ 02 04 30 830.
🖥 www.adriaticluxuryhotels. com/hr/hotel-croatia-dubrovnik-cavtat/

Supetar (M)

Pequeño establecimiento de los mismos propietarios que el Hotel Croatia. Excelente ubicación en pleno paseo marítimo en la Península de Rat.

✉ Obala A. Starčevića, 27.
☎ 02 047 9833.
🖥 www.adriaticluxuryhotels. com

Hvar

Amfora (M)

Junto al mar en una tranquila bahía rodeada de pinos, este hotel impresiona por su piscina con cascadas.

✉ Ulica biskupa Jurja Dubokovica 5, Hvar.
☎ 02 175 0300.
🖥 www.suncanihvar.com/amfora

Palace (C)

El hotel más antiguo de toda la isla. Se trata de un antiguo palacio de los gobernantes venecianos que fue reconvertido en hotel. En pleno centro.

✉ Trg Svetog Stjepana.
☎ 02 174 1966.
🖥 www.suncanihvar.com/palace

Korčula

Korčula (M)

Construido en 1912, es el hotel más antiguo de la ciudad. 20 habitaciones y 4 apartamentos. Terraza con unas vistas impresionantes a la bahía y a la Península de Peljesac.

✉ Obala dr. Franje Tuðmana, 5.
☎ 02 071 1078.

Murter

Hotel Stomorin (M)

Alojamiento perteneciente al club náutico Marina Hramina. No es necesario disponer de un yate para pasar la noche en una de sus sencillas habitaciones con vistas al puerto.

✉ Put Gradine, 1.
☎ 02 243 4411.
🖥 www.marina-hramina.hr

Parque Nacional Krka (Nacionalni Park Krka)

Skradinski Buk (M)

Hotel familiar situado junto al puerto de Skradin. Esta localidad es la entrada oficial por barco al Parque Nacional de Krka, donde se encuentran las cascadas de Skradinski Buk.

✉ Burinovac, Skradin.
☎ 02 277 1771.
🖥 http://skradinskibuk. hr.findhotelswebsite.com

Parque Nacional Mljet (Nacionalni Park Mljet)

Odisej (M)

Es el único alojamiento del Parque Nacional. 155 habitaciones y 4 apartamentos. Enfrente hay una playa, una piscina para niños, una pizzería y un bar. .

✉ Pomena.
☎ 02 036 0111.
🖥 www.adriaticluxury hotels.com

Split

Adriana (M)

En plena ciudad vieja, junto a la Riva. Las habitaciones presumen de limpieza y están completamente equipadas.

✉ Obala Hrvatskog narodnog preporoda, 8.
☎ 02 134 0000.
🖥 www.hotel-adriana.com

Hotel Park (C)

El hotel ha sido remodelado para adaptar este histórico edificio a las necesidades del siglo XXI. Cómodas habitaciones.

✉ Hatzeov perivoj, 3.
☎ 02 140 6400.
🖥 www.hotelpark-split.hr

Jadran (M)

Hotel de 30 habitaciones situado frente al mar, junto al tranquilo parque de Sustipan y a 5 minutos a pie del Palacio de Diocleciano. Cuenta con spa, piscina olímpica e instalaciones deportivas de alto nivel.

✉ Sustjepanski put, 23.
☎ 021 398 622.
🖥 www.maistra.com/properties/hotel-jadran/#/

Trogir

Pasike (M)

Alojamiento perteneciente a una de las familias con mayor tradición en la ciudad: los Buble. El hotel cuenta con 13 habitaciones y una suite, todas ellas con una excelente decoración y un lujoso mobiliario.

✉ Sinjska bb.
☎ 02 188 5185.
🖥 www.hotelpasike.com

Vis

Tamaris (E)

Situado en pleno centro de la ciudad de Vis. Las habitaciones son muy amplias y confortables y disponen de vistas al puerto. Cuenta con importantes instalaciones deportivas. Abre todo el año.

✉ Obala Sveti Jurja 30, Vis.
☎ 02 171 1350.
🖥 https://vis-hoteli.hr

Ir de compras

Zagreb

El corazón del comercio en Zagreb es la calle Ilica, avenida principal que desemboca en Trg Bana Jelačića. También destacan las calles perpendiculares como Gundulićeva, Frankopanska y Petrićeva. Los centros comerciales más concurridos de la ciudad son Centar Kaptol e Importanne Galleria. Además, la ciudad cuenta con mercados más tradicionales como el Mercado Dolac, visita imprescindible aunque no se realice ninguna compra.

LIBRERÍAS

Algoritam

Es la mejor librería de la ciudad. Cuenta con una amplia selección de material en diferentes idiomas, como son las revistas, las novelas y los libros de referencia. Se localiza en los bajos del Hotel Dubrovnik.
- ✉ Ulica Ljudevita Gaja, 1.
- ☎ 01 481 8672.
- ⏱ L-V: 8:30 h-21 h; S: 8:30 h-15 h.

CENTROS COMERCIALES

Centar Kaptol

Tres plantas en las que se pueden encontrar de todo tipo: moda, tecnología, bisutería, zapatos, etc. Varias salas de cine.
- ✉ Nova Ves, 17.
- ⏱ L-S: 9 h-21 h.

MERCADOS

Mercado Dolac (Dolac Market)

Es el mercado al aire libre más importante de Zagreb. El género es de primerísima calidad ya que está recién traído por los campesinos de los pueblos de alrededor de sus granjas y huertos.Se trata de una visita obligada en la capital croata.
- ✉ Dolac bb.
- ⏱ L-V: 7 h-16 h; S-D: 7 h-12 h.

Galletas de pimienta

El *paprenjaci* o galleta de pimienta es un símbolo de la repostería tradicional de la ciudad, y un *souvenir* oficial de Zagreb. Sus principales ingredientes son harina, huevos y pimienta, aunque existen algunas variantes. Su popularidad es tan grande, que la compañía aérea nacional Croatian Airlines las sirve como tentempié durante algunos vuelos. Hoy en día la producción, empaquetado y distribución es llevado a cabo por una pastelería de Hvar y por una de Zagreb, un factor decisivo para que el *paprenjaci* se haya convertido en un producto típico de la capital croata, puesto que las galletas de pimienta se han elaborado en prácticamente todo el país desde hace décadas.

Britanski trg Market

Mercado de antigüedades que se celebra en pleno centro de la ciudad todos los domingos por la mañana.
- ✉ Britanski trg.
- ⏱ D: mañana.

Rastro de Hrelic

En el distrito de Jakuševac, en la ribera sur del río Sava. Es el mercado dominical más grande de Zagreb, y en él se pueden encontrar todo tipo de artículos, desde coches y motos seminuevos hasta artículos para la decoración, libros o comida.
- ✉ Sajmisna cesta 8, Jakusevac.
- ⏱ D: mañana.

ALIMENTACIÓN

Galerija Pršut

Este comercio vende una selección de los mejores productos de Istria y Dalmacia: queso *paski sir*, jamón dálmata, *prosciutto*, aceite de oliva y vino.
- ✉ Vlaška, 7.
- ☎ 01 481 6129.
- ⏱ L-V: 8 h-20 h; S: 8 h-14 h.

Ilocki Podrumi

Conocida bodega en la ciudad que vende un prestigioso vino blanco procedente de Ilok, en la región oriental de Eslavonia.
- ✉ Kaptol, 12.
- ☎ 01 481 4593.
- 🖳 www.ilocki-podrumi.hr

Superkonzum

Es uno de los supermercados más completos de la ciudad. Es un buen lugar para aquellos que se quieran proveer de una buena compra antes de emprender su viaje a la costa.
- ✉ Avenija Vukovar, 275.
- ☎ 01 230 0242.

CORBATAS

Croata

Es la tienda más prestigiosa para comprar corbatas en el país que inventó la corbata. Además se venden otros artículos y complementos como pañuelos para las mujeres, estilosos llaveros, carteras y plumas estilográficas.
- ✉ Kaptol, 13.
- ☎ 01 481 4600.
- 🖳 www.croata.hr

DISEÑO

Croatian Design Super Store

Tienda de venta de recuerdos diseñados con cuidado y detalle. Desde los más típicos, como un imán, hasta café y bolsitas con aroma del mar.
- ✉ Martićeva, 4.
- 🕐 L-S: 9 h-21 h.

CROACIA INTERIOR
Ilok
(cerca de Vukovar)

Iločki Podrumi
Ilok es una pequeña ciudad situada en la frontera con Serbia que es muy famosa por la producción de excelentes vinos blancos. Entre sus delicatessen se recomienda comprar alguna botella de *Bijeli Pinot*, *Traminac*, *Chardonnay* y *Graševina*.
- ✉ Dr. Franje Tuđmana 72, Ilok.
- ☎ 03 259 0003.

Samobor

Obitelj Filipec

En este comercio se pueden encontrar dos de los productos gastronómicos que mejor identifican a Samobor: el *bermet* y la *muštarda*. El primero, un vermú elaborado con uvas seleccionadas, ajenjo, algarrobas e higos; mientras que la *muštarda* es una salsa parecida a la mostaza pero con un sabor dulce. La familia Filipec ha trasmitido de generación en generación la receta para elaborar estos productos desde principios del siglo XIX.
- ✉ Stražnicća, 1A.
- ☎ 01 336 4835.
- 🖰 www.bermetfilipec.hr

ISTRIA
Buzet

Zigante Tartufi
Esta cadena de tiendas dedicadas al comercio de las trufas fue creada por el granjero local Gincarlo Zigante, que estableció la primera en una bodega en Buzet, la llamada ciudad de las trufas. Posteriormente han

ido abriendo sucursales en Grožnjan, Buje, Umag, Pula y Livade. Se pueden encontrar trufas frescas tanto blancas como negras en el otoño, así como aceite de oliva con sabor a trufas o el queso de oveja con trufas y champiñones. También vende diversos licores y vinos de la región.
- ✉ Trg Fontana.
- ☎ 05 266 3340.
- 🖰 www.zigantetartufi.com

DALMACIA
Dubrovnik

Dubrovačka Kuća
Una de las mejores tiendas para adquirir productos típicos en la Ciudad Vieja. Vinos, licores, artesanía, postales, cosméticos, dulces… Está situada junto al monasterio dominico.
- ✉ Ulica Svetog Dominika.
- ☎ 02 032 2092.
- 🕐 L-D: 9 h-22 h.

Kraš

La mejor chocolatería de la ciudad. Se recomienda probar las galletas de *Krašotice*, los dulces de avellana y el chocolate de *Bajadera*.
- ✉ Zamanjina, 2.
- ☎ 02 032 1049.
- 🕐 L-D: 8 h-23 h.

Talir

Realiza exposiciones de artistas locales conocidos y anónimos donde además se ponen a la venta las obras de arte.
- ✉ Čubranovićeva, 7.
- ☎ 02 032 1049.
- 🕐 L-D: 9:30 h-22 h.

Vinoteka Miličić

Vinos de la Península de Pelješac, licores de excelente calidad, dulces de la ciudad y algunas conservas.
- ✉ Placa bb.
- ☎ 020 321 777.
- 🕐 L-D: 10 h-23 h.

El maraschino de Zadar

Croacia cuenta con una importante tradición licorera, y tanto en mercados como en algunos puestos callejeros es posible adquirir aguardientes caseros basados principalmente en el bagajo de la uva (orujo) y en la cereza. Precisamente de este fruto es el Maraschino, el licor más popular y tradicional de todo el país. El aguardiente de cereza por excelencia se comenzó a producir en el siglo XVI por los monjes dominicos del monasterio de Zadar, y en el siglo XVIII se puso de moda entre la mayor parte de las cortes europeas que exportaban cantidades importantes de Maraschino a sus países de origen. Actualmente se puede visitar la fábrica de Maraska en Zadar (la marca más prestigiosa que produce este licor). Otros licores muy populares también en Croacia son *šljivovica* y *travarica* variedades de la rakia *(rakija)*, que se suelen ofrecer en los restaurantes al final de las comidas.

Dónde divertirse

VIDA NOCTURNA
Zagreb

La capital croata cuenta con una bulliciosa vida nocturna. Un buen lugar para comenzar la noche es la calle Tkalčićeva en Gornji Grad, que concentra el mayor número de bares y cafés de la ciudad. La calle Bogovićeva, cerca de Trg Bana Jelačića, cuenta también con cantidad de bares y terrazas. Asimismo se pueden encontrar varios clubes y discotecas abiertos hasta la madrugada.

Aquarius
Localizado al suroeste del centro, a orillas del lago Jarun, es una de las discotecas más importantes de la ciudad. Los viernes suelen estar dedicados al rap, la electrónica, el R&B, el jazz y la fusión, mientras que los sábados se pincha música house. Algunos días de entre semana acoge conciertos y actuaciones.
- ✉ Matije Ljubeka bb.
- ☎ 01 364 0231.
- ⏰ V-S: 22 h-06 h.

Bulldog Pub
Bar muy concurrido en pleno centro de la ciudad, cerca de la plaza principal. Es el lugar ideal para disfrutar tomándose una cerveza o un café. En ocasiones se celebran conciertos y noches temáticas como Halloween, Carnavales, etc.
- ✉ Bogovićeva, 6.
- ☎ 09 869 5303.

Sax!
Música en vivo a diario con una amplia gama de estilos: jazz, blues, rock, pop, etc.
- ✉ Palmotićeva, 22.
- ☎ 01 487 2836.
- ⏰ M-S: 21 h-03 h.
- 🌐 www.sax-zg.hr

ISTRIA
Rovinj

Valentino
Acudir a esta coctelería es casi un deber en Rovinj. Cuenta con una especie de terraza sobre las rocas, en la que ver el atardecer se convierte en un momento inolvidable mientras se disfruta de una copa de champán o de alguno de sus combinados.
- ✉ Ulica Svetog Križa, 28.
- ☎ 05 283 0683.
- ⏰ Jun-sep.: 18 h-02 h; abr-may.: 12 h-24 h
- 🌐 www.valentino-rovinj.com

DALMACIA
Brać

Faces
Es la discoteca más importante de la isla, con una enorme pista de baile al aire libre con capacidad para cerca de 2.000 personas. Organiza divertidas fiestas y conciertos en verano. Situada en una colina que domina la ciudad de Bol.
- ✉ Bol (isla de Brać).
- ☎ 02 163 5410.
- ⏰ Abierto en verano.

Dubrovnik

Banje Beach Club
Por el día es un restaurante y por la noche se convierte en un local para bailar, tomar una copa y disfrutar del ambiente con vistas a las murallas de Dubrovnik.
- ✉ Frana Supila, 10b.
- ☎ 02 041 2220.
- ⏰ De mayo a octubre. Playa: 10 h-20 h. Restaurante: 11 h-24 h. Club: 22 h-06 h.
- 🌐 www.banjebeach.com

Buža
Es el bar más carismático de la ciudad, se localiza fuera de las murallas en la parte sur

de la ciudad vieja, colgando de unos acantilados sobre el mar en una terraza de rocas. Es un lugar para relajarse y simplemente disfrutar.

- ✉ Acceso desde Ulica Od, Margarite.
- ☎ 098 36 1934.
- ⏰ L-D: 20 h-03 h.
- 🌐 www.buzabar.com

Troubadour

Es el único bar en la ciudad vieja que realiza regularmente actuaciones de jazz. En la placita junto a la Catedral. Lass consumiciones son caras.

- ✉ Bunićeva Poljana, 2.
- ⏰ L-D: 21 h-02 h.

Pag

Klub Papaya

En la isla de Pag, al lado de la localidad de Novalje se localiza Zrće Beach, una de las playas de Europa que mejores fiestas de verano organiza. En esto tiene que ver mucho el Klub Papaya, una discoteca al aire libre con fiestas de día y de noche.

- ✉ Zrće Beach, Novalje (isla de Pag).
- ⏰ Abierto en verano.
- 🌐 www.papaya.com.hr

Split

Hemingway

Es uno de los locales más exclusivos de la ciudad, se requiere vestir de forma elegante para poder acceder (nada de zapatillas). Cuenta con sucursales en Zagreb, Opatija, Rijeka y Medveja.

- ✉ VIII Mediteranskih igara, 5.
- ☎ 99 211 9993.
- ⏰ S-D: 20 h-06 h.
- 🌐 www.hemingway.hr

Kocka

Club muy popular en el ambiente underground, el heavy metal, la música gótica, el punk o el hip hop. Casi todas las semanas hay algún concierto.

- ✉ Ulica Slobode, 28.
- ☎ 02 154 0537.
- 🌐 www.kum-split.hr

Vodice

Club Hacienda

Situada en Vodice, un importante complejo turístico a unos 10 km de Šibenik, está considerada como una de las mejores discotecas al aire libre de toda la costa. Cuenta con una capacidad para 2.000 personas.

- ✉ Magistrala bb, Vodice.
- ☎ 02 244 4543.
- ⏰ Abierto en verano.

Zadar

The Garden

Este *chill out* es propiedad de dos de los miembros de la banda británica UB40. En su momento fue uno de los garitos más conocidos de esta parte de los Balcanes. Es un lugar ideal para bailar en verano en su terraza junto al mar hasta que comienza el amanecer.

- ✉ Bedemi zadarskih pobuna bb.
- ☎ 02 336 4739.
- 🌐 www.thegarden.hr

Frenky Bar

Este pequeño bar es una de las mejores opciones para tomarse unas copas en Zadar. Se sirven cafés y cocteles a precios asequibles. Dispone de internet y ofrece actuaciones en directo.

- ✉ Varoška ulica, 3.
- ☎ 02 325 1284.
- ⏰ L-D: 8 h-02 h.

Hvar

Carpe Diem

Por la mañana la gente acude a tomar un buen desayuno, a media tarde, después de una jornada de playa la gente se pasa por este *chill out* para tomar una copa, y de noche bailar. Es un lugar inolvidable en Hvar.

- ✉ Obala Oslobodenja, Hvar.
- ☎ 02 174 2369.
- ⏰ Verano: L-D, 9 h-03 h.
- 🌐 https://beach.cdhvar.com/en

Teatro Nacional de Croacia

El Teatro Nacional de Croacia (Hrvatsko narodno kazalište), fue creado en Zagreb en 1840, aunque no fue hasta 1895 cuando se ubicó en el actual edificio, una ópera de estilo centroeuropeo con tonos pastel construida por los arquitectos vieneses Ferdinand Fellner y Herman Helmer, y que fue inagurada por el emperador austríaco Francisco José I. A lo largo de sus más de 100 años de historia han pasado por sus escenarios lo más granado del teatro, de la música clásica, de la ópera y del ballet. El edificio del Teatro Nacional es también sede del Ballet y la Ópera Nacional. Hay delegaciones del Teatro Nacional de Croacia en las ciudades de Split, Rijeka, Osijek y Varaždin.

- ✉ Trg Maršala Tita, 15.
- ☎ 01 488 8418.
- 🌐 www.hnk.hr

ESPECTÁCULOS

Croacia dispone de una variada y rica selección de eventos culturales a lo largo de todo el año. Casi todas las ciudades cuentan con una apretada agenda, especialmente la capital. Los eventos de Zagreb se pueden consultar en la página web de turismo www.infozagreb.hr, o hacerse con un ejemplar gratuito de la publicación *Events& Performances* que informa mensualmente de los eventos de la capital.

Zagreb

Hrvatsko Glazbeni Zavod
El Instituto de Música de Croacia es la sede principal para escuchar conciertos de música de cámara. Se localiza justo al oeste de la plaza principal.
- ✉ Gundulićeva, 6.
- ☎ 01 483 0822.
- 🌐 www.hgz.hr

Komedija
Pequeño teatro en el que se representan musicales, operetas y algún que otro drama.
- ✉ Kaptol, 9.
- ☎ 01 481 3200.
- 🌐 www.komedija.hr

Koncertna Dvorana Vatroslav Lisinski
Este moderno complejo, ubicado al sur de la estación de ferrocarril, es el lugar en el que dan sus conciertos regularmente la Filarmónica de Zagreb y la Orquesta Sinfónica de Croacia.
- ✉ Trg Stjepana Radića, 4.
- ☎ 01 612 1111.
- 🌐 www.lisinski.hr

CROACIA INTERIOR
Osijek

Hrvatsko Narodno Kazalište
Teatro de la época de los Habsburgo que acoge conciertos de música clásica y representaciones teatrales.
- ✉ Županijska, 9.
- ☎ 03 122 0700.
- 🌐 www.hnk-osijek.hr

Varaždin

Hrvatsko Narodno Kazalište
Fundado en 1873, estrena algunas de las mejores obras teatrales del país. También conciertos de música clásica.
- ✉ Ulica Augusta Cesarca, 1.
- ☎ 04 221 4688.
- 🌐 www.hnkvz.hr

ISTRIA Y KVARNER
Pula

Istarsko Narodno Kazalište
Sede del Teatro Nacional de Istria y del Teatro Municipal de Pula.
- ✉ Laginjina, 5.
- ☎ 05 221 2677.
- 🌐 www.ink.hr

Rijeka

Hrvatsko Narodno Kazalište
Ópera, teatro y conciertos clásicos de la Orquesta Sinfónica de Rijeka.
- ✉ Uljarska, 1.
- ☎ 05 135 5917.
- 🌐 www.hnk-zajc.hr

DALMACIA
Dubrovnik

Dubrovaðki Simfonijski Orkestar
La Orquesta Sinfónica de Dubrovnik ofrece representaciones en una villa renacentista cerca de la puerta de Pile y, en verano, en el palacio del Rector.
- ✉ Sv. Dominika, 9.
- ☎ 02 041 7101.
- 🌐 www.dso.hr

Kazalište Marina Držica
Se representan principalmente dramas en lengua croata. Está dedicado a Marin Držić, considerado el mejor dramaturgo croata del Renacimiento.
- ✉ Pred Dvorom, 3.
- ☎ 02 032 1088.
- 🌐 https://kmd.hr

Hvar

Hvarsko Pučko Kazalište
Es el teatro más antiguo de Croacia (1612), y uno de los más antiguos de Europa. Se

localiza en la planta alta del Arsenal. Ofrece representaciones teatrales todo el verano.

- ✉ Trg Svetog Stjepana.
- ☎ 02 174 1059.
- 🏠 https://visithvar.hr/hr/hvar/kazaliste

Zadar

Hrvatska Kazališna Kuća

El mejor escenario de Zadar. Acoge dramas teatrales y conciertos de música clásica.

- ✉ Široka Ulica, 8.
- ☎ 02 331 4586.
- 🏠 www.hnk-zadar.hr

DEPORTES DE MASAS

Fútbol (nogomet)

El fútbol, como sucede en muchos otros países del mundo, es el deporte nacional. Fue introducido en 1893 por un grupo de marineros británicos que habían hecho escala con su fragata en la ciudad de Trogir. El fútbol croata vivió grandes momentos durante las décadas de los 70 y los 80, formando parte de la exitosa selección yugoslava. Sin embargo, su mayor momento de gloria se produjo en 1998, ya compitiendo como Croacia, cuando alcanzó el tercer puesto en el Mundial de Francia, después de derrotar en los cuartos de final a Alemania por 3-0, ese equipo contaba con la mejor generación de futbolistas que ha dado Croacia, con Robert Prosinečki, Alen Bokšić, Slaven Bilić, Igor Štimac, Robert Jarni y Davor Šuker, entre otros.

Respecto a la liga de clubes (Prva HNL) presenta un nivel bastante bajo en relación a otras ligas europeas. Los equipos más importantes son el Hadjuk Split y el Dinamo de Zagreb, este último ganador de doce de los 14 campeonatos ligueros disputados hasta el momento. Otros equipos de menor entidad son el NK Zagreb, el NK Rijeka y el NK Osijek. Los partidos de la selección nacional se celebran en el

Estadio Maksimir de Zagreb, que cuenta con una capacidad de 40.000 espectadores.

Baloncesto (košarka)

Después del fútbol, el baloncesto es el deporte que más pasiones levanta. La selección croata ha cosechado importantes éxitos con dos bronces en el Eurobasket de 1993 y 1995, y otro en el Mundial de 1994. Aunque sin duda alguna su éxito más sonado fue la plata que consiguió en las Olimpiadas de Barcelona 92, con un equipo liderado por el malogrado Dražen Petrović, y en el que estaban otras leyendas del basket como Dino Radja, Stojan Vranković, Žan Tabak y Toni Kukoč (ganador de tres anillos de la NBA con los Chicago Bullls de Jordan y Pippen).

Otros deportes que tienen una buena cobertura televisiva y en los que Croacia suele obtener muy buenos resultados son: el **balonmano** (rukomet), y que además tiene como club más importante al RK Zagreb; el **waterpolo** (vaterpolo); el **voleibol** (odbojka); y el **tenis** (teniski), deporte en el que el tenista, ya retirado, Goran Ivanišević consiguió su mayor logro en el deporte de la raqueta al proclamarse campeón en Wimbledon en 2001.

DEPORTES DE AVENTURA

Croacia resulta un destino cada vez más atractivo y con más posibilidades para realizar deportes de aventura. Sus condiciones naturales con montañas, ríos, lagos e islas le convierten en un marco idóneo para disfrutar de todo tipo de actividades al aire libre.

Senderismo, montañismo y escalada

Aunque aún no está desarrollado del todo, el senderismo en Croacia goza cada vez de más adeptos. La mejor época para practicarlo es durante

la primavera y principios de verano, antes de que el calor croata castigue a los amantes de la montaña. El país cuenta con muchas zonas idóneas para caminar; en el interior de Croacia, muy cerca de Zagreb se puede disfrutar del Monte Medvednica y de las colinas de Samobor; entre Karlovac y la costa se encuentran la región de Gorski kotar, con montañas más altas y senderos más largos; más allá de Lovran y Opatija se encuentra la cordillera de Učka, apta para los más inexpertos; más al sur se localizan los montes Velebit, que presentan una dificultad mayor que la anterior; y por último hay que destacar la montañas de Biokovo, que van paralelas a la costa Adriática sobre la Rivera Makarska. El mejor lugar para practicar la escalada es el Parque Nacional de Paklenica, que cuenta con magníficas paredes como la roca maciza de Anića kuk.

Asociación de Montañismo de Croacia (Hrvatski planinarski savez-HPS)

- ✉ Kozarčeva 22, Zagreb.
- ☎ 01 482 4142.
- 🏠 www.hps.hr

Canas, kayak y rafting

Debido a la gran cantidad y calidad de ríos que hay en Croacia, los deportes de remo son de los que más se disfruta practicando. Existen muchas agencias locales tanto en las ciudades como en los pueblos que organizan excursiones por los ríos próximos y alquilan el equipo completo (embarcación, casco, chaleco y neopreno, si se requiere). Las mejores épocas para realizar este tipo de deportes son la primavera y el verano, los ríos tienen abundante agua y hay numerosas cascadas. Algunos lugares recomendables para la práctica de estos deportes son los ríos Dobra, Mrežnica, Una, Kupa, Korana, Cetina, Krupa y Zrmanja. Los

mejores profesionales del país en la materia es Huck Finn Adventure (Grada Vukovara 271; www.huckfinncroatia.com), que organiza excursiones e informa sobre el estado de los ríos.

Buceo

Croacia es uno de los mejores países para practicar el buceo de todo el Mediterráneo. Las cristalinas aguas del Adriático y la biodiversidad de su fondo marino atraen cada vez más a los amantes de este deporte a sus costas. Los clubs de buceo han ido proliferando a lo largo de la última década, y todos ellos ofrecen clases prácticas, excursiones guiadas y alquiler de equipos. Los mejores lugares para bucear son las islas Kornati y Mljet, aunque ambas tienen estatus de Parque Nacional y necesitan de un permiso que se puede conseguir a través de algún operador oficial.

Federación Croata de Buceo
✉ Dalmatinska 12, Zagreb.
☎ 01 484 8765.

Windsurfing

Aunque no es un deporte extendido en Croacia, sí que existen dos buenos lugares para practicar windsurf. El mejor se localiza en las tranquilas aguas de Bol, en la isla de Brač, y el otro lugar está situado entre los pueblos de Kućište y Vi-

ganj, al oeste de Orebić, en el extremo norte de la Península de Pelješac. Ambos lugares disponen de tablas para alquilar e incluso clases particulares.

Esquí

A pesar de contar con una esquiadora de talla mundial como es Janica Kostelić, Croacia no es un país eminentemente esquiador. Aun así cuenta con tres pequeñas estaciones de ski. Una es Sljeme en el Monte Medvednica, justo al norte de Zagreb, y las otras dos son Bjelolasica y Platak, en las montañas de Gorski kotar, entre Zagreb y Rijeka. La altitud de las montañas no supera los 1.600 m, por lo que resulta difícil garantizar largos periodos de nieve adecuada para la práctica del esquí. Los equipos se pueden alquilar en las propias estaciones.

Asociación Croata de Esquí
✉ Trg Krešimira Ćosića 11, Zagreb.
☎ 01 309 3009.
🌐 www.croski.hr

Náutica

Sin lugar a dudas, la mejor manera de disfrutar de las numerosas islas del litoral croata es a bordo de una embarcación propia. Los veleros totalmente equipados (con o sin comandante) pueden alquilarse en decenas de marinas situadas a lo largo de toda la costa del

Adriático. Los mejores meses para navegar son los de mayo, junio, septiembre y octubre, aunque los meses de julio y agosto son para aquellos que se estén iniciando en la navegación, puesto que las aguas están muy calmadas y los vientos son ligeros.

En Croacia se dan tres tipos de viento que hay que tener muy en cuenta a la hora de navegar: el bora (bura), un viento frío y seco del noreste que sopla a ráfagas, adquiriendo mayor potencia si sopla desde las montañas de Belevit o Biokovo; el siroco (jugo), un viento húmedo que sopla desde el mar y que puede levantar oleaje, se da más en el sur del litoral; y por último, el mistral (maestral), que es un viento refrescante que sopla en verano desde el mar y que se da durante el día. Estar al tanto del pronóstico meteorológico es fundamental antes de salir a navegar. Para obtener esta información se puede visitar la página web del Servicio de Meteorología e Hidrografía de Croacia (Državni hidrometeorološki zavod): http://meteo.hr (dispone de versión inglesa). El **ACI Club** (Adriatic Croatian Internatiol Club, https://aci-marinas.com) comenzó a operar en 1983, y actualmente cuenta con 21 clubs náuticos abiertos a lo largo de todo el litoral. Es la compañía de navegación más prestigiosa del país.

FIESTAS Y CELEBRACIONES

Fiestas nacionales

Día 1 de enero:
Año Nuevo
Día 6 de enero:
Epifanía del Señor
Semana Santa, marzo/abril:
Domingo de Resurrección y Lunes de Pascua
1 de mayo:
Corpus Christi
22 de junio:
Día de la Lucha Antifascista
25 de junio:
Día Nacional de Croacia
5 de agosto:
Día de la Victoria y la Gratitud Nacional
15 de agosto:
Asunción de la Virgen
8 de octubre:
Festividad de Todos los Santos
25 de diciembre:
Navidad
26 de diciembre:
San Esteban

Festivales de verano

A lo largo del año, y especialmente en verano, tienen lugar numerosos acontecimientos, eventos y festivales culturales. Algunos son fruto de la rica tradición cultivada por las regiones a lo largo de los años, otras surgen de la recuperación de costumbres pasadas, y otras simplemente siguen tendencias contemporáneas. A continuación hemos seleccionado algunos de los festivales de verano más destacados de todo el país y de cualquier especialidad: cine, teatro, música.

Zagreb

Encuentro Internacional del Folclore
Festival orientado a desarrollar y mantener viejas tradiciones de todo Croacia como bodas, carnavales, fiestas de la cosecha, etc. Suele celebrarse una de las últimas semanas de julio.
☎ 01 450 1194.
🌐 www.msf.hr

CROACIA INTERIOR
Požega

Festival Cuerdas de Oro de Eslavonia
Se trata de un viaje a través de la larga tradición musical de Eslavonia, basándose en su instrumento más emblemático: la tamburica. Es una de las fiestas más divertidas de Eslavonia, se celebra los primeros días de septiembre.
☎ 034 276 000.

Slavonski Brod Brodsko Kolo
La ciudad se viste de fiesta con la excusa de bailar el "kolo", un baile tradicional en círculo en el que toman parte hasta un centenar de mujeres y hombres. Se celebra durante las primeras semanas de junio.

Varaždin

Tardes barrocas de Varaždin
La última semana de septiembre la ciudad de Varaždin engalana sus teatros, palacios e iglesias para recibir interesantes conciertos de música clásica.
🌐 www.vbv.hr

ISTRIA
Poreč

Delfines de Poreč
El primer fin de semana de septiembre se celebra en las aguas del Adriático este divertido campeonato amateur de natación, que también incluye otras actividades lúdicas.
🌐 www.poreckidelfin.com

Pula

Outlook Festival
A principios de septiembre se celebra uno de los eventos de música electrónica y DJ´s más importantes de toda Europa. Hay conciertos en el anfiteatro, en el fuerte, numerosas "boat parties" y música en la playa.
🌐 www.outlookfestival.com

Festival de Cine de Pula
Es un importante festival de cine al aire libre. Las proyecciones de las películas se llevan a cabo en dos marcos incomparables: el Castillo (Kaštel) y el Anfiteatro romano. Suele celebrarse una de las últimas semanas de julio.
🌐 www.pulafilmfestival.hr

DALMACIA
Dubrovnik

Festival Juegos de Verano
Es el festival más antiguo y el más prestigioso de Croacia. Se celebra durante varias semanas de los meses de julio y agosto, y reúne todo tipo de expresiones artísticas del más alto nivel.
🌐 www.dubrovnik-festival.hr

Split

Festival de Verano
Entre julio y agosto la ciudad de Split se empapa de cultura con ópera, teatro, ballet, conciertos... Muchas representaciones se celebran en pleno Palacio de Diocleciano.

Zadar

Verano Teatral
Amplio programa dedicado a las obras escénicas, ya sean dramas teatrales o coreografías musicales. Se suele celebrar durante todo el mes de julio.
🌐 www.hnk-zadar.hr

Información Práctica

❚ Embajadas y consulados

Embajada de Croacia en Madrid
✉ Claudio Coello, 78-2, 28001. Madrid
☎ 91 577 6881 y 91 577 6901
🖰 http://es.mfa.hr
vrh.madrid@
mpei.hr

Consulado de Croacia en Pamplona
✉ Av. Pío XII 31/8B
☎ 948 261 140.

Embajada de España en Zagreb
✉ Tuskanac, 21 A
☎ 01 4834365

Consulado de España en Split
✉ Hrvatske Mornarice, 1k
☎ +385 99 323 6734.

Teléfonos de Emergencia
Policía: 92
Bomberos: 93
Ambulancias: 94
Emergencias: 112

ANTES DE PARTIR

❚ Documentación necesaria

Pasaporte o DNI para estancias menores a 90 días, y con una validez mínima que cubra los días de estancia que se pretende permanecer en el país. Hay que tener en cuenta que si se pretende viajar por los Balcanes el DNI no será un documento válido para entrar en la mayoría de los países. En ese caso hace falta mostrar el pasaporte.

❚ Cuándo ir

La mejor época para viajar a Croacia es de abril a octubre, cuando las temperaturas son más agradables y se puede disfrutar mejor de sus islas y de sus playas. En junio, julio y agosto, los precios de los alojamientos se incrementan considerablemente con respecto a primavera o invierno, y es recomendable reservar con antelación. El resto del año las temperaturas descienden bruscamente, produciéndose abundantes lluvias e incluso nevadas.

❚ Moneda

Desde 1 de enero de 2023 la moneda oficial en Croacia es el Euro.
El uso de tarjetas de crédito está muy generalizado (Visa, MasterCard, American Express y Diners, fundamentalmente), pudiéndose efectuar pagos con tarjeta en la mayoría de hoteles y en algunos restaurantes. Asimismo es posible obtener dinero en cualquier cajero automático, pagando la comisión correspondiente por sacar dinero en el extranjero.

❚ Hora oficial

España y Croacia cuentan con el mismo horario, es decir, una hora más respecto a la hora que marca el GMT (Greenwich Mean Time). El cambio de hora se produce en la misma fecha en ambos países, es decir, el último domingo de marzo y el último domingo de octubre.

❚ Aduanas

El trámite aduanero no suele suponer ningún problema para los turistas y la regulación de las aduanas funciona igual que el resto de la Unión Europea. Hay que tener en cuenta algunos puntos:
- No hay límite para introducir moneda en el país, sin embargo la cantidad máxima que se puede sacar sin declarar de Croacia es de 2.000 €.
- Los equipos técnicos y profesionales de alto valor han de ser declarados.

- Los perros y gatos introducidos en el país deben poseer el Certificado Internacional de Vacunación contra la rabia.
- Se pueden importar hasta 5 litros de vino.
- La importación de productos lácteos, cárnicos y miel sin inspección veterinaria se limita a 1 kilo.
- Los ciudadanos extranjeros pueden solicitar la devolución del IVA a la salida del país en caso de haber realizado compras por un importe superior a 70 € y disponer del documento *Tax Free* sellado por el comercio donde se efectuó la compra. Más información en www.carina.hr.

DURANTE LA ESTANCIA

Llegada en avión
Desde España, Madrid y Barcelona, principalmente, se puede volar a Zagreb, Dubrovnik y Split en la temporada de verano. Las aerolíneas que realizan estos vuelos son Iberia, Vueling y Croatia Airlines.

Croacia cuenta con ocho aeropuertos importantes: Zagreb, Split, Dubrovnik, Rijeka, Pula, Zadar, Osijek y Brač. Es recomendable estar atento a las novedades de vuelos que vayan surgiendo ya que las compañías de bajo coste hace años que se han implantado en Croacia.

Aeropuerto de Zagreb (Pleso): se localiza 15 km al sur de Zagreb en dirección a Velika Gorica. Existen autobuses (www.plesoprijevoz.hr) desde el aeropuerto que tardan una media hora en llegar a la Estación Central de Autobuses en Zagreb. También se puede tomar un taxi a la salida del aeropuerto, se recomienda reservar previamente llamando a Radio Taksi Zagreb (Telf.: 01 66 00 671); www.zagreb-airport.hr.

Aeropuerto de Dubrovnik (Cilipi): situado 16 km al sur de Dubrovnik. Existen taxis y autobuses al centro desde el aeropuerto; www.airport-dubrovnik.hr.

Aeropuerto de Split (Kaštela/Resnik): se localiza a unos 15 km del centro urbano. Se puede llegar hasta la ciudad en taxi, mediante los autobuses de la compañía Pleso-Prijevoz (www.plesoprijevoz.hr), o en los autobuses públicos que pasan cada 20 minutos (www.promet-split.hr); www.split-airport.hr.

Llegada por tierra
La llegada por tierra es factible ya sea en coche propio, coche alquilado, en autobús o en tren. Para que el viaje no sea tan dilatado en el tiempo desde España, una opción es volar hasta Venecia, y desde allí alquilar un coche para entrar a Croacia por la península de Istria.

Llegada en barco
La principal compañía es Jadrolinija (www.jadrolinija.hr) que conecta Ancona (Italia) con Zadar y Split, y Bari

Webs útiles

Información turística
- http://es.croatia.hr
- www.lacroacia.es
- www.croatia traveller.com
- www.find-croatia.com

Medios de comunicación
Vecernji List (periódico de Zagreb):
- www.vecernji.hr
Vjesnik (periódico de Zagreb)
- www.vjesnik.hr
Slobodna Dalmacija (periódico de Split):
- www.slobodna dalmacija.com
Hrvatska radiotelevizija:
- www.hrt.hr
Gobierno de Croacia
- www.vlada.hr

Reservas de alojamiento
- www.atlas-croatia.com

(Italia) con Dubrovnik. Aunque también es posible llegar a Croacia con otras compañías desde Pescara, Trieste o Venecia. Estas compañías son las siguientes: www.venezialines.com, www.usticalines.it, www.snav.it, www.triestelines.it y www.directferries.es.

▍Transportes

Aviones. La compañía Croatia Airlines (www.croatiaairlines.hr) realiza algunos vuelos internos entre las ciudades de Dubrovnik, Pula, Rijeka, Split, Zadar y Zagreb. Es la aerolínea nacional de Croacia y su centro de operaciones está ubicado en el aeropuerto de Zagreb. Dispone de unas 13 aeronaves.

Autobuses. Los autobuses suele ser el medio de transporte más utilizado en Croacia, ya que son muy cómodos y cuentan con una extensa red que conecta ciudades, pueblos y complejos turísticos, llegando prácticamente a todos los puntos del país.

Para obtener información de horarios y rutas se pueden visitar las webs de las estaciones de autobuses de las principales ciudades. Zagreb (www.akz.hr), Dubrovnik (www.libertasdubrovnik.hr), Split (www.ak-split.hr) y Rijeka (www.autotrans-hr).

Ferrys. La compañía más importante del país es Jadrolinija (www.jadrolinija.hr), que cubre los trayectos principales entre la parte continental y las islas. Otras compañías que cuentan con rutas por toda la costa del Adriático croata son: Rapska plovidba (www.rapska-plovidba.hr), Korčula (www.korcula.net), Miatours (www.miatours.hr), Krilo (www.krilo.hr) y G&V Line (www.gv-line.hr).

Ferrocarril. La red de ferrocarriles croatas cubre todas las ciudades principales salvo Dubrovnik, a la que solo se puede llegar en autobús desde Split. Los trenes funcionan muy bien, y la alta velocidad que alcanzan los 160 km/h, haciendo el recorrido entre Zagreb y Split en

tan solo cinco horas y media, en lugar de las nueve que se tardaba con los ferrocarriles antiguos. La compañía de trenes nacional es Hrvatske željeznice (www.hzpp.hr).

Horarios

La mayoría de las tiendas abren de lunes a viernes de 8 h a 20 h, los fines de semana varía de unas a otras, generalmente abren los sábados de 8 h a 14 h y los domingos cierran, aunque algunas también abren los domingos por la mañana. Los centros comerciales de las grandes ciudades y algunos comercios de la costa pueden variar este horario ampliando la hora de cierre. Las oficinas de la administración pública abren de lunes a viernes de 8 h a 16 h, mientras que los bancos suelen abrir de lunes a viernes de 8 h a 17 h, y los sábados de 8 h a 12 h. El horario para las farmacias suele ser de 8 h a 13 h y de 15 h a 17 h.

Transporte urbano

Las grandes ciudades de Croacia como Zagreb, Split y Dubrovnik cuentan con su propia red de autobuses urbanos. Zagreb dispone asimismo de una eficiente línea de tranvías, algo que también sucede en otras ciudades como Osijek. Los billetes se pueden adquirir directamente comprándoselos al conductor, aunque sale más económico adquirirlos previamente en los quioscos de prensa. Existen tarjetas especiales como la Zagreb Card (https://zagrebcard.com/) y la Split Card (https://visitsplit.com/es/407/tarjeta-splitcard), que es una especie de abono que permite viajar las veces que se quiera por un tiempo máximo de 72 h. También existe en Dubrovnik (www.dubrovnikpass.com).

Taxis. Todas las ciudades importantes o turísticas cuentan con su propia flota de taxis. Suelen utilizar taxímetro, de todas formas conviene informarse de los precios de los trayectos antes de subirse a un taxi.

Zagreb Card

Una opción muy recomendable para ahorrar dinero en la visita a la capital croata es adquirir la Zagreb Card. Con esta tarjeta se puede viajar en todos los transportes públicos, entrar en casi todos los museos y conseguir descuentos en muchas tiendas y restaurantes de la ciudad. Existen dos modalidades: 24 h (20 €) y 72 h (26 €), y se puede adquirir por internet en la web https://zagrebcard.com/

Conducir en Croacia

El límite de velocidad en las autopistas es de 130 km/h, en las autovías es de 100 km/h, en las comarcales de 80 km/h y en ciudades de 50 km/h.

Los peajes se pagan en autopistas, autovías y en algunos puentes. Se puede pagar con tarjeta. Es obligatorio llevar encendidas las luces de cruce durante el día y llevar puesto el cinturón.

La tasa de alcohol en sangre permitida es de 0,5 gr/l, salvo en el caso de los conductores profesionales y los menores de 24 años que no pueden excederse de 0 gr/l.

La gasolina se ofrece en varios grados: *Eurosúper 95, Eurosúper 98, Sin Plomo, Súper 98* y *Eurodiésel*. Las gasolineras abren de 7 h a 19 o 20 h, aunque en verano algunas de la costa amplían su horario hasta las 22 h. En las autopistas y carreteras principales hay muchas gasolineras abiertas 24 h.

En caso de necesitar asistencia en carretera se puede contactar con el *Hrvatski Autoklub* (Telf. 987). Los coches de alquiler cuentan asistencia propia.

Las siguientes páginas webs ofrecen información de peajes, estaciones de servicio y precios de la gasolina: www.hak.hr.

Alquiler de coches y viajar en automóvil

Se necesita el carnet de conducir español y el pasaporte o DNI para alquilar un vehículo en Croacia. La edad mínima para poder alquilar suele ser de 23 años. Las compañías internacionales tienen oficinas en los aeropuertos, aunque también compañías locales en los municipios más pequeños. Las reservas de automóviles se puede realizar por internet a través de las siguientes webs: www.dollar.com.hr, www.budget.hr, www.sixt.hr, www.nationalcar.hr, www.avis.com, www.hertz.hr, www.kompasrent.hr, www.uni-rent.net, www.subrosa.hr y www.subrosa.rent.

Seguridad

El nivel de seguridad en todo el país es bastante bueno. La criminalidad es baja, y los robos con violencia apenas inexistentes, aunque como es lógico se debe guardar una precaución especial en lugares en los que se concentre mucha gente como las estaciones de autobús o tren, mercados y en los transportes públicos de las grandes ciudades.

Electricidad

La corriente eléctrica es alterna a 220 voltios y 60 ciclos, y los enchufes son de dos tomas redondas, similares a los de España y la mayor parte de Europa.

Correos, teléfonos e internet

Las oficinas de correos están abiertas de lunes a viernes desde las 7 h a las 19 h, en las poblaciones más pequeñas desde las 7 h a las 14 h, y algunas tienen el horario partido. En los municipios más grandes y en las ciudades hay oficinas de guardia, abiertas también los sábados y domingos. Para más información se puede consultar la web de correos: www.posta.hr.

Los teléfonos públicos funcionan con las tarjetas telefónicas que se pueden adquirir en las oficinas de correos y en los quioscos de prensa. El prefijo para llamar a España es el + 34, y para llamar desde el extranjero a Crocia es + 385. El uso de internet en Croacia está totalmente normalizado. En todas las ciudades y pueblos se pueden encontrar muchos restaurantes y hoteles con wifi.

Sanidad

Seguro Médico. Los ciudadanos de la Unión Europea pueden recibir asistencia médica de urgencia de forma gratuita, aunque generalmente solo se cubren los gastos básicos, por lo que se recomienda sacar un seguro de viaje y solicitar la Tarjeta Sanitaria Europea (TSE): www.seg-social.es

Medicamentos. Se pueden conseguir con y sin receta médica en las farmacias (ljekarna). Estas dos farmacias permanecen abiertas 24 h en Zagreb: Trg Bana Jelacica, 3 (plaza central) e Llica 43 (telf. 01 484 84 50).

Precauciones solares. Los veranos en Croacia son muy soleados, y el sol calienta con mucha intensidad, por lo que se recomienda ir provisto de una crema solar con un factor alto de protección, proteger la cabeza con un sombrero, beber líquidos en abundancia así como ingerir poco alcohol.

Agua. El agua del grifo es potable. Se puede comprar agua embotellada en cualquier lugar.

Direcciones y teléfonos útiles.

- Emergencia sanitaria (SAMU) – 94
- Policlínica Privada Dr. Bates (Svetice15, Zagreb. Telf. 01 2338 000).
- Médico de Cabecera. Dª. Gordana Stajminger (Opaticka, 8, Zagreb. Telf. 01 456 97 51).
- Hospital Policlínico Rebro (Zagreb. Telf. 01 2388 288).
- Hospital General (Dubrovnik. Telf. 020 431 777).
- Hospital General (Split. Telf. 021 556 111).
- Hospital General (Pula. Telf. 052 214 433).
- Hospital General (Osijek. Telf. 01 31 511 511).

▮ LGTB

En Croacia la homosexualidad no está penada, y en 2014 se aprobó un proyecto de ley mediante el cual las parejas del mismo sexo se pueden unir en matrimonio y tener los mismos derechos que las parejas heterosexuales (salvo adoptar). Sin embargo, el país sigue siendo el miembro de la UE con mayor tasa de crímenes cometidos por odio contra personas del colectivo LGTB. La homosexualidad, por tanto, es tolerada pero no tan bien recibida como en otros lugares. Fuera de las ciudades grandes las muestras de afecto entre dos personas del mismo sexo pueden generar rechazo u hostilidad. Excepto en Zagreb, no hay zonas de ocio para personas de la comunidad LGTB. En la costa, los homosexuales se dirigen a Rovinj, Hvar, Split y Dubrovnik y suelen frecuentar las playas naturistas. En Zagreb se celebra la última semana de abril el *Queer Zagreb FM Festival,* y el último sábado de junio el Día del Orgullo Gay. La web de Zagreb Pride (https://zagreb-pride.net) ofrece información.

▮ Naturismo

La costa croata es uno de los destinos FKK *(Freikörperkultur,* cultura del cuerpo libre) más atractivos de Europa. Esa denominación alemana data de principios del siglo xx cuando los veraneantes austríacos en el Adriático fueron introduciendo esta filosofía pensada para crear un equilibrio entre el hombre y la naturaleza. Desde entonces Croacia cuenta con más de 300 pueblos y campings naturistas, y en el litoral de Dalmacia abundan este tipo de lugares: en la isla de Lokrum, en su lado sur, hay una zona de baño naturista; y cerca de Dubrovnik están las playas de Cava y Betirina.

▮ Oficinas de turismo

Las ciudades de la costa cuentan con su propia O.I.T, pero en el interior no siempre es así. Por ello se deberá de recurrir a la O.I.T del condado correspondiente, que suele estar en la ciudad principal más próxima.

Zagreb
- ✉ Kaptol, 5.
- ☎ 01 481 4051.
- 🌐 www.infozagreb.hr

Dubrovnik
- ✉ Brsalje, 5.
- ☎ 020 323 887.
- 🌐 https://tzdubrovnik.hr

Split
- ✉ Obala H. Narodnog preporoda, 7/1.
- ☎ 021 348 600.
- 🌐 www.visitsplit.com

Pula
- ✉ Forum, 3.
- ☎ 052 219 197.
- 🌐 www.pulainfo.hr

Rovinj
- ✉ Obala P. Budicina,12.
- ☎ 052 811 566.
- 🌐 www.rovinj-tourism.com

Hvar
- ✉ Trg sv. Stjepana, 16.
- ☎ 021 741 059.
- 🌐 https://visithvar.hr

Trogir
- ✉ Pape Ivana Pavla II, 1
- ☎ 021 885 628
- 🌐 www.trogironline.com

Poreč
- ✉ Zagrebacka 9
- ☎ 052 451 293
- 🌐 www.myporec.com

Idioma

El idioma croata tiene raíces eslavas. Hasta 1991 era conocido con el nombre de servo-croata, pero actualmente está reconocido como una única lengua. A diferencia del serbio, el croata utiliza la escritura latina y su pronunciación es fonética (cada letra siempre se lee de la misma forma). Las grafías propias de este idioma son: č (pronunciada 'ch'), ć (pronunciación parecida a la anterior), đ (pronunciada 'dj'), š (pronunciada 'sh'), ž (pronunciada 'j'). La letra č se pronuncia como 'ts'). Debido al paso de distintos pueblos por Croacia a lo largo de los siglos, el idioma ha incorporado numerosos términos de otras lenguas, principalmente del italiano y el alemán.

Vocabulario básico

hola/buenos días	dobar dan	¿por qué?	zašto
adiós	do viđenja	¿hablas inglés?	govorite li engleski?
no	ne	¿hablas español?	govorite li španjols
sí	da		ki?
gracias	hvala	¿cómo se dice esto	kako se zove ovo
por favor/de nada	molim	en croata?	na hrvatskom?
buenos días	dobro jutro	no entiendo	ne razumijem
buenas tardes	dobra večer	no lo sé	ne znam
buenas noches	laku noć	bueno	dobro
¿cómo estás?	kako ste?	malo	loše
	(educado),	más	više
	kako si?	menos	manje
	(informal)	grande	veliko
¿cuándo?	kada?	pequeño	malo
¿cuánto?	koliko?	caliente	toplo
¿dónde?	gdje?	frío	hladno
¿qué?	što?	calle	ulica
¿qué hora es?	koliko je sati?	Croacia	Hrvatska

Alojamiento

aire acondicionado	klimatizacija	hotel	hotel
apartamento	apartman	labavo	zahod
baño	kupaona	llave	ključ
bed & breakfast	noćenje i doručak	media pensión	polupansion
cama de matrimonio	francuskim ležajem	reserva	rezervacija
cámping	autokamp	teléfono	telefon
desayuno	doručak	televisión	televizor
ducha	tuš	tienda	šator
habitación	sobe		

Dinero

banco	banka	sello	poštanske marka
cambio	mjenjacnica	tarjeta de crédito	kreditna karta
cajero	blagajnik	caro	skupo
dinero	novac	barato	jeftino
oficina de correos	pošta	abierto	otvoreno
postal	razglednica	cerrado	zatvoreno

Comer

café	kavana	cena	večera
pastelería	slastičarnica	menú	jelovnik
restaurante	restauracija	pan	kruh
desayuno	doručak	sal	sol
comida	ručak	agua	voda

cerveza	pivo	pescado	riba
vino	vino	carne	meso
zumo	džus	sopa	juhe
hielo	led	pasta	tjestenine
café	kava	vegetales	povrće
té	čaj	postre	deserti
helado	sladoled	tortilla	omlet
arroz	riža	la cuenta	račun
ensalada	salata	¡qué aproveche!	dobar tek!
leche	mlijeko	¡salud!	nazdravje!

Transporte

autobús	autobús	puerto	luka
tranvía	tramvaj	billete	karta
tren	vlak	horario	vozni red
ferry	trajekt	llegada	dolazak
barco	brod	salida	odlazak
avión	avion	entrada	ulaz
taxi	taksi	salida	izlaz
estación de autobuses	autobusna stanica	coche	automobil
estación de tren	zaljeznički kolodvor	gasolina	benzin
aeropuerto	zračna luka		

Números

1	jedan (yedan)	6	šest (shest)
2	dva	7	sedam
3	tri	8	osam
4	cetiri (chetiri)	9	devet
5	pet	10	deset

Días de la semana

Lunes	Ponedjeljak	Viernes	Petak
Martes	Utorak	Sábado	Subota
Miércoles	Srijeda	Domingo	Nedjelja
Jueves	Cetvrtak	Fin de semana	Vikend

Meses

Enero	Sijecanj	Julio	Srpanj
Febrero	Veljaca	Agosto	Kolovoz
Marzo	Ožujak	Septiembre	Rujan
Abril	Travanj	Octubre	Listopad
Mayo	Svibanj	Noviembre	Studeni
Junio	Lipanj	Diciembre	Prosinac

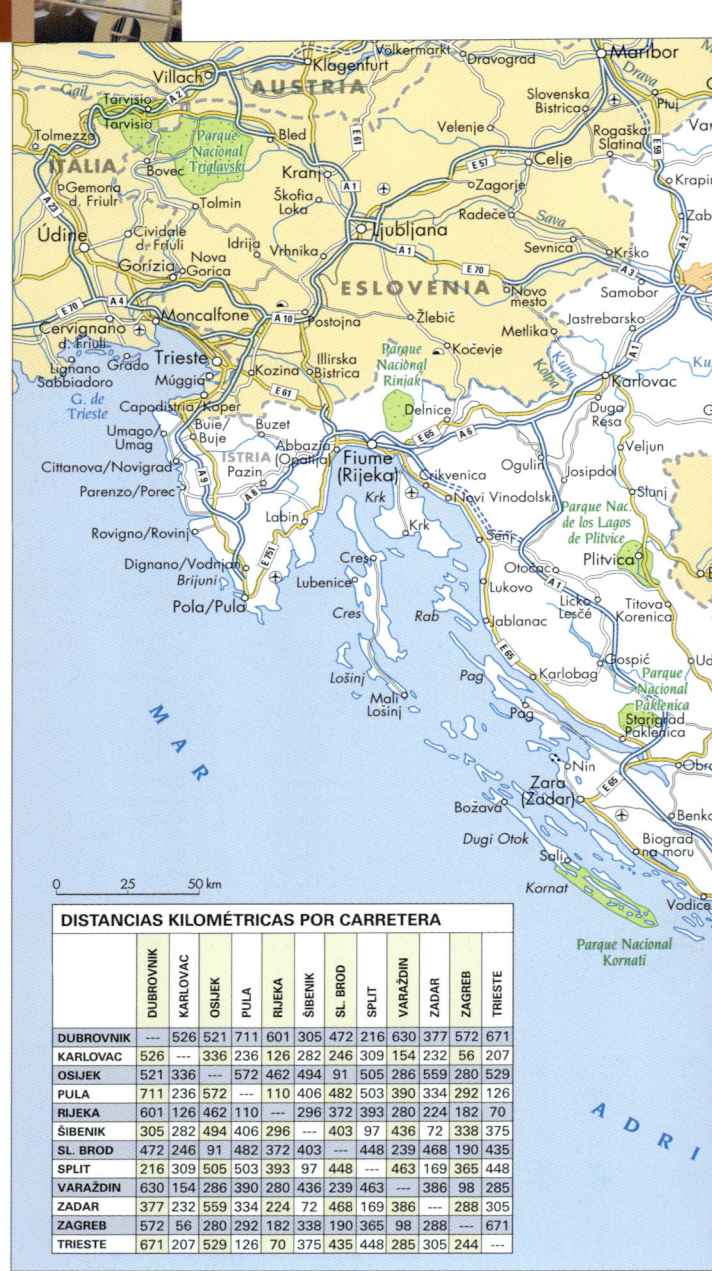

DISTANCIAS KILOMÉTRICAS POR CARRETERA

	DUBROVNIK	KARLOVAC	OSIJEK	PULA	RIJEKA	ŠIBENIK	SL. BROD	SPLIT	VARAŽDIN	ZADAR	ZAGREB	TRIESTE
DUBROVNIK	---	526	521	711	601	305	472	216	630	377	572	671
KARLOVAC	526	---	336	236	126	282	246	309	154	232	56	207
OSIJEK	521	336	---	572	462	494	91	505	286	559	280	529
PULA	711	236	572	---	110	406	482	503	390	334	292	126
RIJEKA	601	126	462	110	---	296	372	393	280	224	182	70
ŠIBENIK	305	282	494	406	296	---	403	97	436	72	338	375
SL. BROD	472	246	91	482	372	403	---	448	239	468	190	435
SPLIT	216	309	505	503	393	97	448	---	463	169	365	448
VARAŽDIN	630	154	286	390	280	436	239	463	---	386	98	285
ZADAR	377	232	559	334	224	72	468	169	386	---	288	305
ZAGREB	572	56	280	292	182	338	190	365	98	288	---	671
TRIESTE	671	207	529	126	70	375	435	448	285	305	244	---

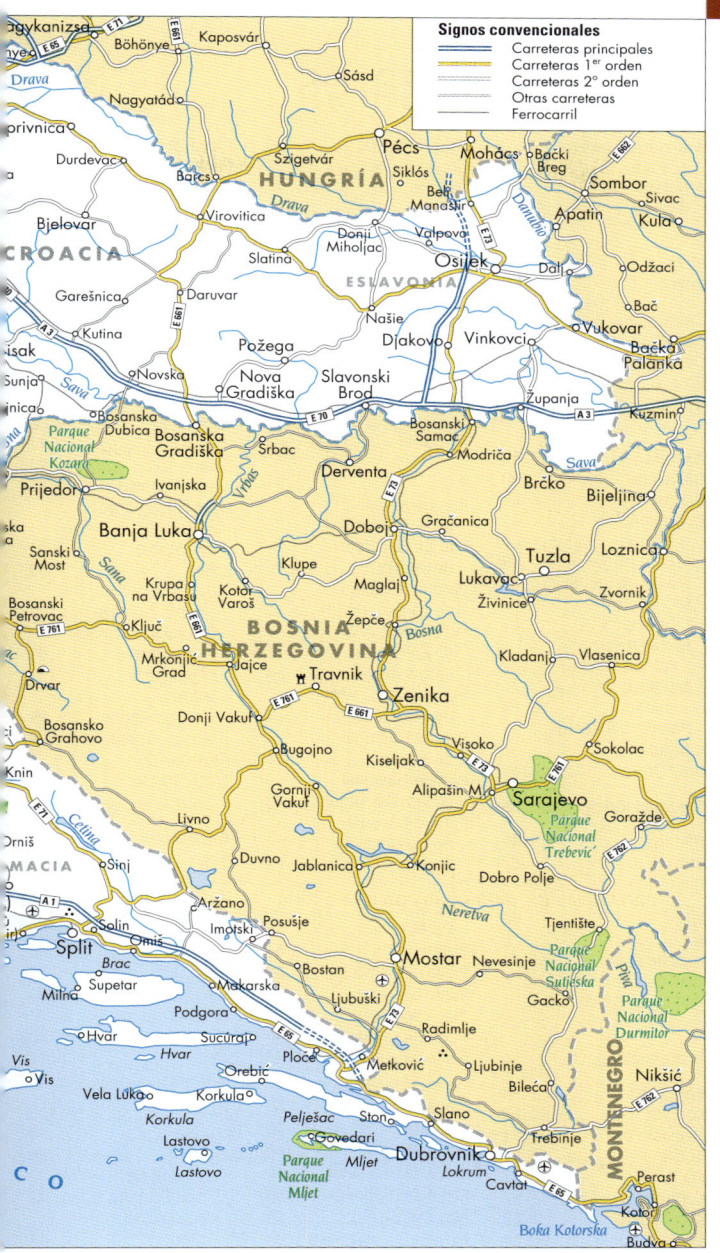

Signos convencionales
- Carreteras principales
- Carreteras 1er orden
- Carreteras 2° orden
- Otras carreteras
- Ferrocarril

Índice de lugares

Mapas y planos